Latein im Recht

Rolf Lieberwirth

Latein im Recht

4., durchgesehene Auflage

Verlag Die Wirtschaft GmbH
Berlin

Die Deutsche Bibliothek-CIP Einheitsaufnahme

Lieberwirth, Rolf:
Latein im Recht / Rolf Lieberwirth. – 4., durchges. Aufl. – Berlin:
Verl. Die Wirtschaft, 1996
ISBN 3-349-01063-6

NE: HST

ISBN 3-349-01063-6

Am Friedrichshain 22, 10407 Berlin
Einbandgestaltung: Karin Roterberg
Printed in Germany
Gesamtherstellung: Druckhaus „Thomas Müntzer“ Bad Langensalza

Vorwort

Mit dem vorliegenden Wörterbuch sollte erstmals in der DDR ein lexikographisches Hilfsmittel zur Erschließung der lateinischen Rechtssprache geschaffen werden.

Die Auswahl von lateinischen Fachausdrücken und Redewendungen bis hin zu Rechtssprichwörtern wurde aufgrund von Erfahrungen einer langjährigen beratenden Tätigkeit getroffen. Die Interessenten, Juristen wie Nichtjuristen (auch viele Geschichtswissenschaftler und Theologen), stellten an den Rechtshistoriker je nach Ausbildungsstand und Fachdisziplin die unterschiedlichsten Fragen zum historischen Ursprung bestimmter Begriffe der lateinischen Rechtssprache. Das wurde bei der Auswahl der Stichwörter grundsätzlich berücksichtigt.

Ebenso galt es, die lateinischen Fachausdrücke sowohl als Auskunft über eine vergangene Praxis als auch als ganz gegenwärtige Verständigungsgrundlage für Juristen vor allem im internationalen Rechtsverkehr aufzunehmen.

Die Sammlung enthält gebräuchliche und seltener gewordene Fachausdrücke der lateinischen Rechtssprache aus allen juristischen Disziplinen, zur Auflockerung auch noch einige allgemeine Sentenzen in annähernd 4000 Stichwörtern, die konsequent alphabetisch geordnet sind.

Weitgehend berücksichtigt wurde der Umstand, daß lateinische Fachausdrücke in den einzelnen Zweigen der Rechtswissenschaft eine voneinander abweichende oder nicht mehr ganz übereinstimmende Bedeutung erlangt haben können und daß für einen deutschen Rechtsbegriff oder für ein Rechtsinstitut mehrere lateinische Bezeichnungen gebraucht werden oder wurden. Die unterschiedlichen Bedeutungen eines lateinischen Fachausdrucks wurden deshalb in der deutschen Erklärung nacheinander aufgeführt und durch ein Semikolon, dagegen mehrere gleichbedeutende oder ähnliche deutsche Bezeichnungen durch ein Komma getrennt, notwendige Ergänzungen, Erläuterungen und Quellenhinweise in Klammern gesetzt. Für den Laien ist die zu betonende Silbe als Ausspracheerleichterung gekennzeichnet. Als Schreibweise wurde die im Lateinischen übliche Kleinschreibung beibehalten. Nur juristische Merksätze und bekannte Redewendungen werden zur besseren Hervorhebung am Satzanfang groß geschrieben.

Zur Information der Nichtjuristen sei noch darauf hingewiesen, daß

man unter Legisten mittelalterliche Lehrer des weltlichen, des wissenschaftlich bearbeiteten römischen Rechts, unter Kommentatoren Rechtslehrer, die dieses Recht dem praktischen Rechtsleben nutzbar machten, unter den oberitalienischen Statuten das Recht der italienischen Stadtrepubliken und unter gemeinem Recht das durch die Reichskammergerichtsordnung von 1495 offiziell in den deutschen Bereich eingeführte verwissenschaftlichte römische Recht versteht.
Diese Sammlung will und kann nicht den Anspruch auf Vollständigkeit erheben. Sie trägt den Charakter des Vorläufigen und ist laufend ergänzungsfähig, so daß freundliche Hinweise gern entgegengenommen werden. In dieser Hinsicht bin ich schon den Professoren Inge Hieblinger und Claus Biefeld (Halle/Saale) zu Dank verpflichtet. Die mitunter nicht einfachen Schreibarbeiten hat Frau Renate Rüdiger in bewährter Weise erledigt.

Rolf Lieberwirth

Vorwort zur 4. Auflage

Da der Interessentenkreis an diesem Studienbehelf eher größer als kleiner geworden ist, macht sich bereits eine 4. Auflage erforderlich. Diese Gelegenheit wird selbstverständlich auch dazu benutzt, noch vorhandene Druckfehler auszumerzen und hin und wieder aufgetretene Ungenauigkeiten in den Worterklärungen richtigzustellen. Ferner wurden einige Stichworte neu aufgenommen, die mir ergänzenswert erschienen oder mir freundlicherweise von Fachvertretern vorgeschlagen wurden. Alle Hinweise nehme ich dankbar entgegen, besonders auch die von den Vertretern der Kanonistik, deren Spezialkenntnisse mir sehr entgegenkamen.

Halle (Saale) 1996 Rolf Lieberwirth

A

A. → absolvo

A. → antiquo

A. A. → Aulus Agerius

a. a. → ad acta

abalienạtio Veräußerung, Entäußerung

abcẹssus Zutritt, Zugang; Anwartschaft; körperliche Besitzräumung als Teil der Übereignung (Volksrechte)

abdicạtio Entsagung; Abdankung; Auflassung; Ablehnung der testamentarischen Vormundschaft (römisches Recht); Niederlegen von Mantel und Schlüssel auf das Grab des verstorbenen Mannes, womit die Frau die persönliche Haftung für die Schulden des Mannes verweigert (älteres deutsches Recht)

aberrạtio ịctus Abirren des Stoßes (das Angriffsobjekt wird verfehlt, aber ein anderes Objekt wird verletzt oder getötet)

abigeạtus Viehdiebstahl

ab intestạto aufgrund gesetzlicher Erbfolge

ab irạto im Zorn

abiurạtio Abschwörung; Verzicht auf ein Recht; eidliche Verneinung einer Handlung; Schwur der Haftentlassenen, sich nicht zu rächen (Urfehde)

ablạtio	Raub, Entwendung
ablegạtus	Gesandter zweiten Ranges
abolịtio	Aufhebung; Niederschlagung des Strafverfahrens vor dem Urteil
ab ọvo	vom Ei an; auf die Ursprünge zurückgehen; weitschweifig
abrogạtio	Abschaffung; Absetzung; Aufhebung eines Gesetzes oder Beschlusses durch ein anderes bzw. einen anderen
absẹntes	körperlich (vom Gerichtsort) Abwesende; auch Oberbegriff für (durch Krankheit) geistig Abwesende
Absolụta sentẹntia expositọre non ịndiget	Vollkommene (klare) Worte bedürfen keines Erklärers (keiner Auslegung)
absolụtio	Freisprechung; Freispruch
absolụtio ab actiọne	Abweisung der Klage als unbegründet (Zivilprozeß); Freispruch von der Anklage (Strafprozeß)
absolụtio ab instạntia	Lösung von der Instanz, Entbindung von der Instanz; Abweisung der Klage angebrachtermaßen (aus prozeßrechtlichen Gründen) oder zur Zeit (Zivilprozeß); Freispruch mangels Beweisen (Strafprozeß)
absolụtio a causa	unbedingte Freisprechung
absolụtio a lịmine	Zurückweisung von der Schwelle (des Gerichts); richterliche Abweisung der Klage als unbegründet (Oberbegriff zu den vorhergehenden Begriffen)

Absolụtus sentẹntia iụdicis praesụmitur ịnnocens	Der durch Gerichtsurteil Freigesprochene gilt als unschuldig
absọlvo (A.)	Ich spreche frei (Zeichen auf der Stimmtafel bei Abstimmungen über Urteile)
Abụndans cautẹla non nọcet	Übertriebene Vorsicht schadet nicht
ab ụrbe cọndita (a. u. c.)	nach Gründung der Stadt (die Jahreszählung der Römer ab 753 v. u. Z.)
abụsus	Mißbrauch; Verbrauch, Verminderung der Substanz einer Sache durch Gebrauch
a. c.	→ anni currentis
accẹdo	ich stimme zu, ich trete bei
accẹpta	Hufe (Bodenmaß)
acceptạtio	Vertragsannahme, speziell Annahme eines Auftrages zur Zahlungsleistung (Wechsel); staatlich verfügte Anerkennung kirchlichen Rechts
acceptilạtio	Quittung; mündliche Bestätigung einer Verpflichtung; förmlicher Erlaßvertrag
accẹssio	Zuwachs; Nebensache; Nebenverpflichtung; Hinzurechnung; das zur Hauptsache Hinzukommende (Zubehör); das zu einem Rechtsverhältnis Hinzukommende (Bürgschaft, Pfandrecht); Verbindung als Eigentumserwerbsart
Accẹssio cẹdit principạli	Die Nebensache (das Zubehör) folgt der Hauptsache → Res accessoria …

accẹssio possessiọnis	Hinzurechnung der Besitzzeit aller fehlerlosen Rechtsvorgänger
accẹssio tẹmporis	Hinzurechnung der Zeit; Anrechnung der Ersitzungszeit der Vorgänger
accẹssus	Beitrittswahl im Papstwahlverfahren (bis die Zweidrittelmehrheit für einen Kandidaten erreicht ist)
accidentạlia negọtii	unwesentliche Bestandteile eines Rechtsgeschäfts (wesentliche Bestandteile → essentialia n.); Nebenbestimmungen eines Rechtsgeschäfts
accịsia	Akzise, Verbrauchssteuer; Zoll
acclamạtio	Annahme eines Beschlusses bzw. Wahl durch Beifallsbezeigung bzw. durch lauten Zuruf des Namens
accomandịta, accomandịsia	Vorläuferin der Kommanditgesellschaft (Frankreich)
accusạtio	Klage, Anklage
accusạtio contumạciae	Antrag des Klägers vor Gericht, etwaige Einreden des säumigen Beklagten nicht zuzulassen
accusạtio inofficiọsi testamẹnti	Klage gegen oder Beschwerde über (→ querela inofficiosi ...) ein liebloses Testament (nach römischem Recht entstand aus der Anerkennung eines Testaments als lieblos ein Noterbrecht der Benachteiligten)
accusạtio suspẹcti tutọris	Klage auf Absetzung und Bestrafung des ungetreuen Vormundes (römisches Recht)
accusạtor	Ankläger

achạsius	Freikauf (Zahlung von einem Zehntel des Wittums durch die wieder heiratende Witwe an die Verwandten des verstorbenen Mannes – salisches Recht)
a. Chr. n.	→ ante Christum natum
acquisịtio hereditạtis	Erbschaftserwerb
ạcta	Akten, Schriftverkehr; Zeitschriften; Sammelwerke; Niederschriften öffentlicher Verhandlungen
Ạcta Apostọlicae Sẹdis	Amtsblatt des päpstlichen Stuhls
Ạcta diụrna	von Caesar eingeführte amtliche Tageszeitung
Ạcta Eruditọrum	erste deutsche gelehrte Zeitschrift (1682–1776)
ạcta magistrạtuum	Verfügungen der römischen Magistrate
ạcta prịncipum	Verfügungen der römischen Kaiser
ạctio	Handlung; Anspruch; Klage, Klagerecht; Anspruch auf Gewinnanteil (Aktie)
ạctio ad exhibẹndum	Anspruch auf Vorlegung der Sache (bei sachenrechtlichen Prozessen als Hilfsmittel für den Hauptanspruch)
ạctio adiectịciae qualitạtis	Klage aus dem Vertrag zwischen Vertreter und Vertretenem wegen eines Verschuldens des Vertreters
ạctio ad supplẹndam legịtimam	Pflichtteilergänzungsanspruch

ạctio aedilịcia ädilizische (→ aedilis) Klage (Klage auf Minderung oder Wandlung → actio quanti minoris → actio redhibitoria)

ạctio aestimatọria → actio quanti minoris

ạctio ạquae plụviae arcẹndae Anspruch gegenüber dem Nachbarn auf Beseitigung von Anlagen, die Grundwasser verstärkt in das Grundstück des Betroffenen einströmen lassen

ạctio auctoritạtis Klage aus Bruch der Gewährschaft

ạctio calụmniae Klage aus Schikane, vorsätzlich falsche Klage unter dem Scheine des Rechts

ạctio civịlis Klage auf der Grundlage des → ius civile

ạctio commodạti Rückgabeanspruch des Verleihers

ạctio commụni dividụndo Klage auf Teilung einer Sache unter die Miteigentümer, Teilungsklage

ạctio condụcti Anspruch des Mieters auf Übergabe der Mietsache und auf Gewährung des vertragsgemäßen Gebrauchs

ạctio confessọria Klage zum Schutz von Servituten (→ servitus) gegen jede Störung

ạctio contrạria Gegenklage, Widerklage; Gegenanspruch bei wechselseitigen Verbindlichkeiten

ạctio culpọsa schuldhafte Handlung

ạctio dạmni infẹcti Klage wegen eines vom Nachbargrundstück drohenden Schadens

ạctio de aestimạto Klage aus dem Trödelvertrag (→ contractus aestimatorius)

ạctio de deiẹctis et effụsis	Anspruch auf Schadenersatz wegen Ausgießens oder Herauswerfens von Sachen auf die Straße
ạctio de dọlo	Klage wegen arglistiger Schädigung
ạctio de dọte	Klage auf Rückgabe der Mitgift (→ dos)
ạctio de in rem vẹrso	Klage gegen den Vater bzw. Herrn wegen der Geschäfte des Sohnes bzw. Sklaven, soweit sie ihm Vorteile brachten
ạctio de lịberis agnoscẹndis et alẹndis	gegenseitiges Unterhaltsrecht von Verwandten auf- und absteigender Linie
ạctio de pạstu	Schadenersatzanspruch gegen den Eigentümer von Tieren, weil sie fremde Früchte abgeweidet haben
ạctio de paupẹrie	Schadenersatzanspruch gegen den Tierhalter wegen des von seinem Tier verursachten Schadens
ạctio de pecụnia constitụta	Klage aus dem Erfüllungsversprechens eines Dritten
ạctio depọsiti	Anspruch des Hinterlegers gegenüber dem Verwahrer auf Rückgabe der verwahrten Sache
ạctio de recẹpto	Klage aus dem Garantieversprechen
ạctio de syndicạtu, a. ex syndicạtu, a. male iudicạti	Syndikatsklage (Klage auf Schadenersatz gegen einen pflichtwidrig handelnden Richter oder Bevollmächtigten [→ syndicus] oder wegen dienstlicher Versehen von Staatsbeamten)
ạctio dirẹcta	Hauptklage

ạctio dọli	→ actio de dolo
ạctio emphyteuticạria	Klage aus der Erbpacht gegen den Eigentümer und jeden Dritten
ạctio ẹmpti	Anspruch des Käufers gegen den Verkäufer auf Übergabe und Eigentumsverschaffung an der Kaufsache sowie auf Schadenersatz bei wissentlich verschwiegenen Mängeln
ạctio exercitọria	Anspruch des Gläubigers gegen den Schiffsreeder auf Erfüllung der vom Kapitän eingegangenen rechtsgeschäftlichen Verbindlichkeiten
ạctio ex testamẹnto	schuldrechtlicher Anspruch des Vermächtnisnehmers gegen den Erben auf Realisierung des Vermächtnisses
ạctio famịliae herciscụndae	Anspruch des Miterben auf Erbauseinandersetzung
ạctio famọsa	Zivilklage, die zugleich eine Ehrenminderung des verurteilten Beklagten nach sich zieht
ạctio fidụciae	Anspruch des Sicherungsübereigners auf Rückübereignung nach Erlöschen der Forderung
ạctio fịnium regundọrum	Grenzfeststellungsklage
ạctio funerạria	Anspruch gegenüber den Verpflichteten auf Rückzahlung verauslagter Bestattungskosten
ạctio fụrti	Klage wegen Diebstahls

ạctio honorạria	eine vom Prätor (→ praetor) zugelassene Klage auf der Grundlage des → ius honorarium
ạctio hypothecạria	dinglicher Pfandanspruch des Gläubigers
ạctio iniuriạrum aestimatọria	Klage auf Schadenersatz wegen Beleidigung
ạctio in persọnam	Klage aus einem Forderungsrecht; persönlicher Anspruch
ạctio in rem	Klage aus einem dinglichen Recht; dinglicher Anspruch
ạctio in rem scrịpta	Klage aus einem persönlichen Rechtsverhältnis, die sich u. U. gegen einen Dritten richten kann
ạctio institọria	Schadenersatzanspruch gegen den Unternehmer wegen der Geschäftsschulden seines Angestellten
ạctio iudicạti	Anspruch auf Erfüllung des Urteils
ạctio legạti	→ actio ex testamento
ạctio lẹgis Aquịliae	Anspruch aus Sachbeschädigung → Lex Aquilia
ạctio lịbera	freie voll zu verantwortende Handlung
ạctio lịbera in causa	in der Ursache freie Handlung (freier Tatvorsatz ungeachtet eingeschränkter Zurechnungsfähigkeit bei der Tatausführung)
ạctio locạti	Anspruch des Vermieters bzw. Verpächters auf Zahlung des Miet- bzw. Pachtzinses sowie auf Rückgabe der Mietsache nach Beendigung des Vertragsverhältnisses

ạctio mạle iudicạti → actio de syndicatu

ạctio mandạti Anspruch des Auftraggebers auf Ausführung des Auftrags und auf Herausgabe des dabei Erlangten

ạctio mịxta Klage, die sowohl auf Schadenersatz als auch auf Buße gerichtet ist

ạctio nạta fälliger Anspruch

ạctio negatọria Eigentumsfreiheitsklage; Anspruch des Eigentümers auf Beseitigung oder Unterlassung von Besitzstörungen und auf Ersatz entzogener Gebrauchsvorteile

ạctio negotiọrum gestọrum Ansprüche aus Geschäftsführung ohne Auftrag

Actiọnes transẹunt ad herẹdes et in herẹdes Ansprüche gehen auf die Erben und gegen die Erben über – I. 4.12.

Actiọni nọndum nạtae non praescrịbitur Ein noch nicht entstandener Anspruch verjährt nicht (erst mit der Entstehung des Anspruchs beginnt die Verjährungsfrist zu laufen)

ạctio Pauliạna Anspruch gegen den Schuldner wegen Gläubigerbenachteiligung (die Herkunft der Bezeichnung „Pauliana" ist nicht feststellbar)

ạctio perpẹtua unbefristetes Klagerecht

Ạctio personạlis mọritur cum persọna Ein (höchst)persönlicher Anspruch stirbt mit der Person

ạctio pigneratịcia Anspruch des Verpfänders auf Pfandrückgabe nach Erlöschen der Forderung

ạctio pigneratịcia in rem	→ actio hypothecaria
ạctio poenạlis	Pönalklage, Klage auf Buße
ạctio pro sọcio	Auseinandersetzungsanspruch zwischen Gesellschaftern
ạctio Publiciạna	Schutzklage des Ersitzungsbesitzers (von dem Prätor Quintus Publicius 67 v. u. Z. eingeführt)
ạctio quạnti minọris	Käuferanspruch auf Minderung des Kaufpreises wegen Sachmangels
ạctio quạsi negatọria	Klage wegen Beeinträchtigung gesetzlich geschützter Lebensgüter und Interessen
ạctio quod mẹtus causa	Anspruch und Strafklage des widerrechtlich Gezwungenen auf Herausgabe des Erpreßten vom Erpresser
ạctio ratiọnibus distrahẹndis	private Bußklage des Mündels gegen den Vormund wegen Hinterziehung des Mündelgutes
ạctio redhibitọria	Wandlungsanspruch des Käufers gegen den Verkäufer wegen Sachmangels
ạctio rẹi uxọriae	Anspruch der Ehefrau auf Rückzahlung der Mitgift (→ dos) bei Scheidung oder beim Tod des Ehemannes
ạctio Serviạna	Befriedigungsklage des Verpächters, des Hypothekengläubigers (die Herkunft der Bezeichnung „Serviana“ ist nicht feststellbar)
ạctio spọlii	Klage gegen eigenmächtige Besitzentziehung oder wegen Besitzstörung (gemeines Recht)

ạctio spontạnea	freiwillige, gewollte Handlung
ạctio temporạlis	befristetes Klagerecht
ạctio vectigạlis	Herausgabeanspruch des Erbpächters gegen den Eigentümer
ạctio vẹnditi	Anspruch des Verkäufers gegen den Käufer auf Kaufpreiszahlung
ạctio vi bonọrum raptọrum	Anspruch und Strafklage gegen den Räuber binnen Jahresfrist auf den vierfachen, danach auf den einfachen Wert des Geraubten
ạctio voluntạria	freiwillige, gewollte Handlung
ạctis testạntibus	nach Ausweis der Akten
ạctor	Kläger, Ankläger; Prozeßvertreter für eine nichtprozeßfähige oder juristische Person; Verwaltungsbeamter; Verwalter; Geschäftsführer
Actọre non probạnte rẹus absọlvitur	Der Beklagte wird von dem nicht beweisführenden Kläger befreit (der Kläger hat die klagebegründenden Tatsachen zu beweisen, andernfalls wird die Klage kostenpflichtig abgewiesen)
Ạctor fọrum rẹi sẹquitur	Der Kläger sucht das Gericht des Beklagten auf (örtlich zuständig ist das Gericht am Wohnsitz des Beklagten)
actuạrius	Gerichtsschreiber
ạctum ut sụpra	geschehen wie oben (Aktenvermerk, Schlußformel in Protokollen)
ạctus	Rechtsakt; Handlung; Geschäft; Wegeservitut (→ servitus) mit der Berechtigung, Vieh

	über ein fremdes Grundstück zu treiben, Triftgerechtigkeit (deutsches Recht) → ius actus
ạctus ad ọmnes pọpulos	Vollmacht des Gesandten, mit allen Regierungen zu verhandeln (bis ins 18. Jh.)
ạctus contrạrius	gegenteiliger (Rechts-)Akt
ạctus delịcti	Ausführungshandlung im strafrechtlichen Sinne (18. Jh.)
ạctus extrịnsecus	äußerlich in Erscheinung tretende Handlung (gemeines Recht)
ạctus legịtimus	bedingungsfeindliches Rechtsgeschäft (z. B. Kündigung)
Ạctus me invịto non est mẹus ạctus	Ein Rechtsgeschäft gegen meinen Willen ist nicht mein Rechtsgeschäft
Ạctus omịssa fọrma lẹgis cọrruit	Ein Rechtsgeschäft, das die gesetzliche Form nicht beachtet, stürzt zusammen
a. d.	→ a dato
ad absụrdum	zum Sinnlosen (führen); gründlich widerlegen
ad ạcta (a. a.)	zu den Akten; weglegen
a dạto (a. d.)	vom Tag der Ausstellung ab
a dạto ad dạtum	von Datum zu Datum (Grundsatz bei der Fristberechnung nach Wochen, Monaten oder längeren Zeitabschnitten)
ad audiẹndum vẹrbum	zu mündlicher Vernehmung

Ad calęndas Graecas (sǫlvere) Zu den griechischen Kalenden (erfüllen) (da nur die Römer den ersten Tag eines Monats Calendae nannten, bedeutet der Ausspruch, die Erfüllung auf den Sankt-Nimmerleins-Tag zu verschieben)

adcitạtio Beiladung eines Dritten durch das Gericht zur Teilnahme am Prozeß auf seiten einer der Parteien (Allgemeines Landrecht)

addęnda Beilagen, Nachträge. Zusätze

addịctio in dịem Verkauf vorbehaltlich eines besseren Käufers (Vertragsklausel oder Nebenvertrag, deshalb auch pactum addictionis in diem)

adęmptio Entziehung, Einziehung, Wegnahme, Widerruf

adęmptio civitạtis Entziehung des Bürgerrechts

adęmptio legạti Widerruf des Vermächtnisses

adęmptio libertạtis Freiheitsberaubung

adfịxio ad iạnuam an der Wohnungstür befestigte schriftliche Anzeige, daß ein wichtiges gerichtliches Schriftstück beim Gerichtsschreiber, bei der Post oder bei der Gemeinde hinterlegt wurde, weil es nicht zugestellt werden konnte

adhaesio Beitrittserklärung zu einer Prozeßhandlung des Gegners

ad hạstam zur Lanze (zur öffentlichen Versteigerung stehen) → subhastatio

ad hoc	zu diesem (meist gebraucht in dem Sinne: nur auf diesen Fall bezogen)
adhortạtor	Anstifter fremden Entschlusses (Legisten)
Adhục sub iụdice lis est	Bis jetzt ist der Streit vor dem Richter (es ist noch nichts entschieden)
adięctus solutiọnis causa (gratia)	ein vom Gläubiger oder statt des Gläubigers als Empfangsberechtigter benannter Dritter (römisches Recht); vertragsmäßige Zahlstelle; ermächtigter Erfüllungsempfänger
ad ịncertam persọnam	an eine unbestimmte Person (gerichtet)
ad infinịtum	bis ins unendliche
ad ịnterim (a. i.)	unterdessen, einstweilen
adịtio hereditạtis	Erbschaftsantritt; Erbschaftsannahme
adiudicạtio	bei Teilungsklagen Zuweisung kraft Richterspruchs
adiụnctio	Verbindung von Sachen
adiụnctus, adiụtor	Gehilfe
adiutọrium	Steuer zur Ausrüstung eines Kriegers (karolingische Zeit)
adlạtus	Hilfskraft; Beistand
ad lịbitum	nach Belieben
admallạtio	Ansprache
ad mạrginem	an den Rand, am Rande

ad meliọrem	zum Besseren
admenạtio	strafbares Messerzücken
administrạtio	Verwaltung
admịssio	Zulassung; Zutritt; Einführung eines Reichsstandes in den Reichstag
ad mụltos ạnnos	auf viele Jahre (Glückwunsch)
ad nọtam	zum Vermerk
ad ọculos demonstrạre	durch Augenschein beweisen
adọptio	Annahme an Kindes Statt
adọptio in hereditạtem	Erbeinsetzung durch Adoption mangels natürlicher Erben
adọptio mịnus plẹna	Adoption, durch die der Adoptierte nicht alle Rechte eines Kindes erhält (gemeines Recht)
Adọptio natụram imitạtur	Die Annahme an Kindes Statt ahmt die Natur nach (zwischen Vormund und Mündel muß ein angemessener Altersunterschied bestehen)
adọptio plẹna	Adoption, durch die der Adoptierte alle Rechte eines Kindes erhält
ad pịas causas	(Vermächtnis, Stiftung) zu frommen Zwecken
adprịsio, apprịsio	Grund und Boden, der durch rechtsförmliche Eingrenzung und Inbesitznahme erstmals einer besonderen Nutzung und Herr-

	schaft unterworfen wird (Bifang); Eigentum am Rodungsland
adquisịtio	(Eigentums- oder Rechts-)Erwerb
ad referẹndum	zur Berichterstattung; zum Bericht
ad rem	zur Sache
adrogạtio	eine Art Annahme an Kindes Statt (römisches Recht)
adscrịptio	Unterschrift
adscrịptus glẹbae	an die Scholle gebunden, Höriger
Ad tụrpia nẹmo obligạtur	Zu Schändlichem ist niemand verpflichtet
adụlter(a)	Ehebrecher(in)
adulterạtor monẹtae	Falschmünzer
adulterịnus	im Ehebruch gezeugtes Kind
adultẹrium	Ehebruch (ursprünglich nur verheiratete Frau mit fremdem Mann)
adunạtio	Vereinigung; Gilde
ad ụsum	zum Gebrauch
ad ụsum delphịni	zum Gebrauch des Dauphin (Thronfolgers); zu Unterrichtszwecken
adversạrius	Prozeßgegner
advocạtia	Schutzrecht des Staates über die Kirche; Vogtei

advocạtio Rechtsanwaltschaft; Vogtei

advocạtus Anwalt, Rechtsbeistand

advocạtus diạboli Anwalt des Teufels (Bezeichnung für den Promotor fidei, der im Selig- bzw. Heiligsprechungsverfahren die Gegenargumente vorzutragen hatte); im übertragenen Sinne: Vertreter von Antithesen mit dem Ziel, die deutlichere Herausarbeitung der These zu erreichen

aedịlis einer der niederen Magistrate (→ magistratus) in Rom, welche die Marktpolizei und die Jurisdiktion (→ iurisdictio) in Marktsachen ausübten

AEIOU Austriae est imperare orbi universo (Alles Erdreich ist Österreich untertan)
oder
Austria erit in orbe ultima (Österreich wird bis ans Ende der Welt bestehen)

aequạlitas Gleichheit

aequạlitas armọrum Gleichheit der Waffen (verschiedentlich geforderter Grundsatz für die Anerkennung einer Handlung als Notwehr – Legisten, gemeines Recht)

aequạlitas factọrum bei Notwehr verschiedentlich geforderte Gleichheit der Angriffs- und Verteidigungsweise (Legisten, gemeines Recht)

aequilịbrium Gleichgewicht (der Großmächte als völkerrechtlicher Grundsatz im 17. Jh.)

aequitas Billigkeit

aequitas canọnica	kanonische Billigkeit, innere Gerechtigkeit, Verhaltensmaßstab im Rahmen der Gesetze
aestimạtio cạpitis	Schätzung des Hauptes (zur Festlegung der Geldbuße, deren Höhe sich nach der Würde des Geschädigten richtet)
aestimạtio rẹi	Schätzung des Sachwertes (als Grundlage für den Schadenersatz)
aetas	Lebensalter
affẹctio	Wille, Absicht
affịnitas	Schwägerschaft
Affirmạnti incụmbit probạtio, non negạnti	Dem Behauptenden, nicht dem Verneinenden obliegt der Beweis (die Beweisführung)
affirmạtio	Versicherung
ạgens	treibende Kraft
Ạgere non valẹnti non cụrrit praescrịptio	Der Lauf der Verjährung wird gehemmt, solange der Anspruchsberechtigte seinen Anspruch unverschuldet nicht geltend machen kann
ạger pụblicus	Staats- und Gemeindeland (im alten Rom)
ạger vectigạlis	städtisches Grundstück, das gegen einen jährlichen Zins einem Erbpächter zur Nutzung übergeben wird
aggratiạtio	Begnadigung
aggrẹssio	gewaltsamer, widerrechtlicher Angriff
aggrẹssio ọperis ipsịus	Ausführungshandlung

aggrẹssor	Angreifer; Staat, der entgegen völkerrechtlichen Normen einem anderen zuerst den Krieg erklärt oder mit seinen Truppen in dessen Gebiet eindringt
aggressụra	tätlicher Angriff (körperlicher Einsatz) → insultus
agnạtio	die durch Männer vermittelte Blutsverwandtschaft unter Männern (deutsches Recht); Verwandtschaft aller Personen, die zum selben Haus gehören (römisches Recht)
agnịtio	Anerkennung (eines Anspruchs, einer Urkunde)
agnitọria	Anerkenntnisurteil, Urteil auf Anerkenntnis
a. i.	→ ad interim
ạlapa	Ohrfeige als Form der tätlichen Beleidigung (Legisten)
Ạlea iạcta est	Der Würfel ist gefallen (das griechische Sprichwort soll von Cäsar beim Überschreiten des Rubikon zitiert worden sein)
aleạtor	Spieler (aleatorische Geschäfte oder Abmachungen sind gewagte Unternehmungen)
ạlias	anders, sonst
alienạtio	Veräußerung, Eigentumsübertragung
aliẹnum	fremd
Alimẹnta cum vịta finiụntur	Unterhaltsansprüche enden mit dem Leben
alimentạtio	Unterhalt

Ạliquid haeret	Etwas bleibt hängen → audacter calumniare …
ạliud	ein anderes
Ạliud pro ạlio invịto creditọri sọlvi non pọtest	Eines für das andere kann dem Gläubiger ohne seine Einwilligung nicht geleistet werden – D. 12.1.2,1
allạta	(in die Ehe) eingebrachtes Gut
allodificạtio	Umwandlung eines Lehns in Privateigentum
allọdium	ursprünglich Erbschaft, dann Erbgut, Freigut, weil frei von Abgaben
allụvio	Anschwemmung von Land (bei Wassergrundstücken)
ạltera pars	der andere Teil; die Gegenpartei → audiatur et …
ạlter ẹgo	das andere Ich; Stellvertreter
Ạlteri stipulạri nẹmo pọtest	Niemand kann sich zugunsten eines anderen etwas versprechen lassen (heute ist ein Vertrag zugunsten Dritter möglich)
Alterịus nọmine ạgere non lịcet	Es ist nicht erlaubt, im Namen eines anderen zu handeln (keine Stellvertretung im römischen Recht) – D. 50.17.123
alternatịva obligạtio	Wahlschuld
ạlterum tạntum	noch einmal soviel, doppelt
ạltius non tollẹndi sẹrvitus	Grunddienstbarkeit, die dem Eigentümer des Nachbargrundstücks verbietet, höher zu bauen (aufzustocken)

ạltum silẹntium	tiefes Schweigen
ạlveus derelịctus	verlassenes (ausgetrocknetes) Flußbett (fällt ins Eigentum der Uferanlieger)
ambassạtor	Anwalt
ambaxạtor	Botschafter
ambịtio	Parteilichkeit
ạmbitus	Umhergang; Grenzbegehung; Umfriedung; Bewerbung um ein Amt
ạmbitus civitạtis	Stadtfrieden
Ambulatọria dẹbet ẹsse testatọris	Der Wille des Erblassers muß wandelbar sein (Grundsatz der Testierfreiheit)
a mẹnsa et tọro	von Tisch und Bett (Trennung der Eheleute nach katholischem Eherecht) → separatio …
amicạbilis compo-sịtio	freundschaftliche Verständigung, gütliche Einigung
amicịtia	Freundschaftsvertrag als Form der Staatsverträge
amịssio	Verlust (eines Rechts oder einer Sache)
ammanuẹnsis	Gerichtsschreiber (alte Bezeichnung)
a momẹnto ad momẹntum	→ computatio naturalis
amortisạtio, amorticạtio, amortizạtio	neulateinischer Ausdruck französischen Ursprungs in der Bedeutung von Zuwendung von Liegenschaften und Gefällen an die tote Hand (Kirche), wogegen von staatlicher Seite schon seit dem 14. Jh. leges de non

	amortizando erlassen wurden; Kraftloserklärung einer Urkunde; ratenweise Rück- oder Abzahlung einer Geldsumme
amọtae res	(aus einem Nachlaß) beiseite geschaffte Sachen
amọtio administratịva	Entfernung aus dem Amt; Verfahren zur Absetzung eines katholischen Geistlichen seit 1910
amọtio rẹrum	Entwendung von Sachen (unter in Scheidung lebenden Eheleuten)
amplitạtio	Vertagung (der Gerichtsverhandlung)
amputạtio	Verstümmelung als die schwerste Form der Körperverletzung (oberitalienische Statuten)
amputạtio cạpitis	Enthauptung
Anạthema sit	Er sei verflucht (Verfluchungsformel der Päpste, meist gegen abweichende Lehren angewandt)
anatocịsmus	Ausbedingen von Zinseszins
anatocịsmus coniụnctus	rückständige Zinsen werden dem Kapital zugeschlagen und mit ihm verzinst
anatocịsmus disiụnctus	rückständige Zinsen werden als neues Kapital verzinst
angạriae	Dienst; Abgaben, Steuern; Spanndienste zur Beförderung von Staatsbeamten
ạnimo irạto, ạnimo mạlo	(das Handeln) in Erregung
ạnimus	Absicht, Wille; Vorsatz

ạnimus auctọris	Vorsatz des Täters
ạnimus dọmini	der Wille des Eigentümers, seine Sache zu besitzen (Eigenbesitz) und jeden anderen von ihr fernzuhalten
ạnimus donạndi	Schenkungsabsicht, Schenkungswille
ạnimus fraudạndi	Betrugsabsicht
ạnimus iniurạndi	Absicht der Ehrenkränkung, der Beleidigung
ạnimus mạlus	böse Absicht, Vorsatz (18. Jh.)
ạnimus manẹndi et nụnquam (ad prịus domicịlium) revertẹndi	Absicht, (im gewählten Domizil) zu bleiben und niemals (zu einem früheren Domizil) zurückzukehren (Problem des Staatsangehörigkeits- bzw. Wohnsitzprinzips im Internationalen Privatrecht)
ạnimus novạndi	Absicht, eine Forderung zu tilgen und dafür eine neue zu begründen
ạnimus obligạndi	Verpflichtungswille
ạnimus occidẹndi	Tötungsvorsatz
ạnimus rem sịbi habẹndi	Wille, eine Sache für sich zu besitzen, Besitzwille
ạnimus sọcii	Gehilfenvorsatz (Vorsatz zur Beihilfe)
annạlis	ein Jahr dauernd, ein Jahr betreffend
annạtae	Abgaben an die päpstliche Kammer für die Verleihung vakanter Benefizien
annẹxio	Einverleibung (eines fremden Staatsgebietes)

ạnni currẹntis (a. c.)	des laufenden Jahres
ạnni praetẹriti (a. p.)	im vergangenen Jahr
ạnno ụrbis cọnditaẹ	im Jahr der Gründung der Stadt (Rom) → ab urbe condita
annullạtio	Aufhebung
Annụntio vọbis gaudium mạgnum: habẹmus pạpam	Ich verkündige euch große Freude: Wir haben einen Papst (Anfangsworte der Verkündung nach der Papstwahl)
ạnnus discretiọnis	Unterscheidungsjahr (14. Lebensjahr – bis zu diesem Jahr bestimmten die Eltern über die Religionszugehörigkeit)
ạnte Chrịstum nạtum (a. Chr. n.)	vor Christi Geburt
ạnte elạpsum tẹrminum	vor Fristablauf
antichrẹticum, antichrẹsis	Nutzungspfand (Nutzungsvertrag)
antiphẹrna	→ donatio propter nuptias
antịquo (A.)	Ich lasse es beim alten, ich verwerfe (Zeichen auf der Stimmtafel bei Abstimmungen über Gesetzesvorlagen)
a. p.	→ anni praeteriti
apertụra feudi	Eröffnung des Lehns nach Heimfall
ạpices iụris	juristische Spitzfindigkeiten

ạpocha	Quittung
ạpocha oneratọriae lịttera recognitịonis	Konnossement, Seefrachtbrief
apostạsia a fịde	Abfall vom Glauben
a posteriọri	vom Späteren her; aus Erfahrung; im nachhinein
apọstoli	Gerichtsdekrete über die Zulässigkeit (a. reverentiales) oder Unzulässigkeit (a. refutatorii) einer Appellation
appanạgium	Ausstattung (für nachgeborene Söhne fürstlicher Familien), Apanage → paragium
appạritor	Vollzugsbeamter, Fronbote
appellạtio	Appellation, Berufung
appellạtio tạnquam ab abụsu	Beschwerden an den Staat wegen Mißbrauchs der geistlichen Gewalt
appensạte	mit Vorbedacht handelnd
appensạte et studiọse	überlegt und mit Vorbedacht handelnd
apprehẹnsio possessiọnis	körperliche Besitzergreifung einer Sache; strafbare Besitzentziehung
approbạtio	Bestätigung, staatliche Genehmigung, die zur Ausübung bestimmter Berufe notwendig ist (Arzt, Apotheker, Tierarzt)
a priọri	vom Früheren her; aus Vernunftsgründen; von vornherein
ạquae et ịgnis interdịctio	Verbot von Wasser und Feuer (bei den Römern Formel für die Landesverweisung)

ạrbiter	Schiedsrichter
ạrbiter mụndi	Schiedsrichter der Welt (Rom als Schiedsrichter bei Streitigkeiten der damaligen Staaten)
arbitrạtor	Schiedsgutachter
arbịtrium	Schiedsspruch; Gutachten; Gutdünken
Arbịtrium est iudịcium	Der Schiedsspruch ist ein Urteil
arbịtrium iụdicis	richterliches Ermessen
argentạrius	Bankier
argumẹntum	Beweismittel; Beweisgrund; Folgerung
argumẹntum ad veritạtem	Wahrheitsbeweis
argumẹntum a maiọre ad mịnus	Schlußfolgerung vom Größeren aufs Kleinere
argumẹntum a minọre ad mạius	Schlußfolgerung vom Kleineren aufs Größere
argumẹntum e consẹnsu gẹntium	Schlußfolgerung aus der Übereinstimmung der Völker
argumẹntum e contrạrio	Folgerung aus dem Gegenteil, Umkehrschluß
argumẹntum e silẹntio	Schlußfolgerung aus dem Stillschweigen
arrestatọrium	Haftbefehl; öffentlicher Aufruf der Gläubiger bei einem Konkurs
arrẹstum	sichernde Maßregel des Gerichts
ạrrha	Draufgeld, Draufgabe, Handgeld

3*

ạrrha nuptiạlis, a. sponsalịcia	Morgengabe, Mahlschatz
ạrrha paenitentiạlis	Reuegeld (die Draufgabe wird zur Leistungsbefreiung geopfert)
ạrrha poenạlis	Draufgabe im Sinne von Vertragsstrafe
artịculi reprobạti	(14 vom Papst 1374) verdammte Artikel (des Sachsenspiegels)
artịculus	kurze Behauptungen, Beweissätze, Fragen im Prozeß
as	römische Kupfermünze
ascendẹntes	Verwandtschaft in aufsteigender Linie
assạltus	→ insultus
assassinạtus	Meuchelmord
assassinạtor	Anstifter zum Meuchelmord
assassịnium	Bandenmord, Mord gegen Bezahlung (oberitalienische Statuten)
assecurạtio	Friedensbündnis zur Vermeidung der Fehde
assẹssor	beisitzender Richter (in Rom, später am Reichskammergericht, dann noch nicht fest angestellter Richter oder Staatsbeamter)
assignạtio	Anweisung
assịsa	Assisen, Gerichtsversammlungen; Bezeichnung für einige Rechtsbücher
attentạtum	Versuch (gemeines Strafrecht); Angriff

attestạtio Bescheinigung, Beglaubigung

a. u. c. → ab urbe condita

auctor Urheber; Rechtsvorgänger; Gewährsmann; Anstifter (italienische Statuten)

auctor crịminis Täter, der ein Verbrechen im eigenen Interesse vollbringt (18. Jh.)

auctor delịcti Urheber des Verbrechens (italienische Rechtswissenschaft des 14. Jh.)

auctor in sẹnsu generạli Täter im allgemeinen Sinn (Bezeichnung für alle in irgendeiner Form am Verbrechen Beteiligten – 18. Jh.)

auctor in sẹnsu speciạli Täter im eigentlichen Sinne (18. Jh.)

auctọris nominạtio Benennung des Urhebers; Streitverkündung im Zivilprozeß

auctọritas Rechtsbefugnis; Bezeichnung für Capitulare (→ capitularia); Vollbort, Zustimmung der Dinggenossen zum Urteilsvorschlag der Schöffen (fränkisches Recht)

auctoritạte unter (mit) Genehmigung

auctor principạlior Haupttäter (italienische Statuten)

auctor principạlis Urheber eines Verbrechens (Legisten)

Audạcter calumniạre, sẹmper ạliquid haeret Verleumde nur dreist, etwas bleibt immer hängen (Baco de Verulam)

Audiạtur et ạltera pars Auch der andere Teil (die Gegenpartei) muß gehört werden (Seneca d. Jüngere)

audięntia pạcis	Gericht zur Ahndung von Verstößen gegen die Gottesfrieden
audịtor	Richter, überhaupt Mitglied eines Gerichts, Funktionär der Militärgerichtsbarkeit
auditǫrium	Gerichtssaal des römischen Magistrats
Aulus Agęrius (A. A.)	in alten Musterformularen Bezeichnung für den Kläger und für den Gläubiger
austręga legạlis	erste Instanz für Streitigkeiten zwischen Fürsten → instantia austregalis (Reichskammergerichtsordnung von 1495)
Authęntica (lex)	ursprüngliches (Gesetz) (im Verhältnis zu späteren Umarbeitungen)
authęntica chạrta	ordnungsgemäß ausgefertigte Urkunde
Authęntica collạtio	Sammlung von 134 der Justinianischen Novellen (auch Authenticum, liber Authenticarum genannt)
Authęnticae	Bezeichnung für die Justinianischen Novellen; später 233 Auszüge aus den Novellen und Verordnungen deutscher Kaiser, die seit Irnerius dem → Codex Iustinianus angehängt wurden
autor rịxae	Herausforderer einer Angriffshandlung (dem deshalb kein Notwehrrecht zusteht – deutsches Recht, Legisten, gemeines Strafrecht)
auxịlium	Beihilfe; Pflicht zur Hilfeleistung (Lehnsrecht); später Abgabepflicht, Steuer
auxịlium ạnte delịctum	Beihilfe vor der Tat

auxịlium in delịcto	Beihilfe während der Tat
auxịlium post delịctum	Beihilfe nach der Tat (modern: Begünstigung)
aventụra	Heimfall, erledigtes Lehn
a vẹrbis ad vẹrbera	von Worten zu Schlägen
A vẹrbis lẹgis non est recendẹndum	Vom Wortlaut des Gesetzes ist nicht abzuweichen
avoạtio	→ advocatia → advocatio
avocạtio actọrum	Abforderung der Akten durch die obere Behörde
avocatọrium	Heimruf (eines Staatsbürgers, der sich im Ausland aufhält)
avụlsio	Abreißen eines Teiles von einem Ufergrundstück und Anschwemmen an ein anderes durch Naturgewalt (kein Eigentumserwerbsgrund, solange keine feste Verbindung besteht); Avulsion, d. h. Landabtretung an eine fremde Macht (ließ die Reichsstandschaft untergehen)

B

ballịvia	Ballei, Bezeichnung für Provinz des Deutschen Ordens
bannịtio	Ladung durch den Richter (fränkisches Recht); später Bann, Reichsacht
bannịtus, bạnnum, bạnnus	Bann; Recht, zu gebieten und zu verbieten
bastardạgium, iụs bastạrdiae	Bastardenfall, Bastardenerbe (Recht des Grund- bzw. Landesherrn auf den Nachlaß unehelicher Personen ohne Erben)
beạti possidẹntes	glücklich Besitzende (die günstige Rechtsposition des Besitzers gegenüber dem nichtbesitzenden Eigentümer; nach Schiller, Wallensteins Tod: Sei im Besitze, und du wohnst im Recht)
Beạtus ịlle, qui prọcul negọtiis!	Glückselig, wer von Geschäften fern! (Horaz)
Bẹlla gẹrant ạlii, tu, fẹlix Austria, nụbe!	Andere mögen Kriege führen, du, glückliches Österreich, heirate! (um Zuwachs an Ländern zu gewinnen; erster Teil eines Distichons von Matthias Corvinus, ungarischer König 1458–1490)
bẹlli indịctio	Kriegserklärung in feierlicher Form (Rom)
bẹllum	Krieg
bẹllum defensịvum	Verteidigungskrieg
bẹllum iụstum	gerechter Krieg

bẹllum ọmnium cọntra ọmnes	Krieg aller gegen alle (Platon, Dion Chrysostomas, Thomas Hobbes)
bẹllum punitịvum	Strafkrieg gegen einen schuldhaften Feind (Vergeltungsschlag gegen einen Aggressor)
benedịctio	Benediktion, Weihe; Aussteuer
Bẹne dọcet, qui bẹne distịnguit	Gut lehrt, wer gut unterscheidet
Benefịcia non obtrudụntur	Rechtswohltaten werden nicht aufgedrängt (sinngemäß D. 50.17.69; so werden auch Schenkungen erst durch die Annahme rechtswirksam)
benefịcium	Wohltat, Vergünstigung, Privileg, Lehn, Kirchenpfründe, Praebende (→ praebenda)
benefịcium abstinẹndi	Rechtswohltat des Erben, die Erbschaft ausschlagen zu können
benefịcium castellạnum, b. castrẹnse	Burglehn
benefịcium cessiọnis bonọrum	Rechtswohltat der Güterabtretung (seitens des insolventen Schuldners)
benefịcium competẹntiae	Rechtswohltat des Notbedarfs (Haftung des Schuldners nur nach seiner Vermögenslage)
benefịcium datiọnis in solụtum	Rechtswohltat der Hingabe einer Sache an Zahlungs Statt
benefịcium divisiọnis	Einrede, als Mitschuldner nur anteilmäßig haften zu müssen
benefịcium ecclesiạsticum	ein mit Einkünften verbundenes Kirchenamt; Kirchenpfründe

benefịcium emigratiọnis dissidẹntium	Auswanderungsrecht der Untertanen, die nicht der Staatsreligion angehörten
benefịcium excussiọnis	Einrede der Vorausklage
benefịcium inventạrii	Inventarrecht, Recht auf Inventarerrichtung (mit Einreichen eines Nachlaßinventars konnte der Erbe die Haftung auf den Nachlaß beschränken)
benefịcium iụris	Rechtswohltat
benefịcium militạre	echtes Lehn
benefịcium separatiọnis	Recht der Nachlaßgläubiger auf Trennung des Nachlasses vom (überschuldeten) Vermögen des Erben
bẹne vạle (valẹte)!	lebe (lebt) wohl!
benẹvole lẹctor!	geneigter Leser! (Anrede durch den Buchautor)
benẹvolo lectọri salụtem	dem geneigten Leser Gruß
bigạmia	Doppelehe
bilaterạlis	zweiseitig
Bis dat, qui cịto dat	Doppelt gibt, wer schnell gibt (Publilius Syrus)
Bis de eạdem re ne sit ạctio	Zweimal soll über dieselbe Angelegenheit nicht entschieden werden
blasphẹmia	Lästerung, insbesondere Gotteslästerung
bọna	Vermögen

bọna acquisịta	erworbenes Vermögen
bọna adventịcia	durch Zuwendungen Dritter oder durch eigene Arbeit hinzugekommenes Vermögen
bọna castrẹnsia	im Felde (Krieg) erworbenes Vermögen
bọna fịde	in gutem Glauben (Gegensatz → dolo malo)
Bọna fịdei possẹssor frụctus consụmptos sụos fạcit	Der gutgläubige Besitzer macht die verzehrten Früchte zu seinem Eigentum (er braucht sie dem Eigentümer nicht in Geld zu ersetzen)
bọna fịdes	guter Glaube
Bọna fịdes praesụmitur	Der gute Glaube wird vermutet (er braucht nicht bewiesen zu werden)
bọna matẹrna	von der Mutter ererbtes Kindesgut, Muttererbe
bọna receptịcia	Vorbehaltsgut der Ehefrau
bọna vacạntia	herrenloser Nachlaß
bọni họmines	gute Leute, Freie oder Edelfreie
bọni mọres	gute Sitten
bọnis ạvibus	unter günstigem Vorzeichen
bonọrum cẹssio	→ cessio bonorum
bonọrum commụnio	Gütergemeinschaft
bonọrum possẹssio	Erbschaftsbesitz; Erbfolge (nach prätorischem Recht → ius honorarium)
bọnum	das Gute, das Gut, das Wohl

bọnum advocatịcium	Vogteigut (Bauerngut, das keiner Grundherrschaft angehörte)
bọnum mercatọrium, b. negotiatọrum	Kaufgut (erworbenes Vermögen im Gegensatz zum ererbten)
bọnum naturạle	Naturgabe
bọnum oppidulạrium	Weichbildgut (ein städtisches Grundstück)
bọnum pụblicum	Staatswohl
bordạgium	Bordlehn (spezielles englisches Lehn, das zu beschränktem Eigentum gegeben wurde)
brạ(c)chium ecclesiạsticum	kirchliche Macht
brạ(c)chium saeculạre	weltliche Macht
Brachylogus iụris civịlis	kurzer Leitfaden des römischen Rechts (Ende des 11., Anfang des 12. Jh. in der Gegend von Orleans von unbekanntem Verfasser aufgezeichnet)
brẹve	Brief; Beweisurkunde; päpstliches Reskript in Briefform
breviạrium	Auszug aus größerem Werk; schematische Übersicht
Breviạrium Alarịci	Sammlung römischer Rechtsbestimmungen für die im Westgotischen Reich lebenden Römer, veranlaßt von Alarich II. im Jahre 506
brẹvi mạnu	kurzerhand, ohne Formalitäten, ohne Dienstweg

brẹvi mạnu tradịtio bei Eigentumserwerb Übergabeersatz durch Einigung zwischen Eigentümer und bereits besitzendem Erwerber

brocạrda, brocạrdica Sammlung von allgemeinen Rechtsregeln der Glossatorenzeit für den Rechtsunterricht (Herkunft des Wortes ungewiß – Burchard von Worms?)

bụlla Kapsel (zum Schutz des Wachssiegels)

bụlla aurea Goldene Bulle, Reichsgrundgesetz von 1356

bullạti doctọres durch Pfalzgrafenerlaß (bulla) ernannte Doktoren (wenig angesehener Titel, da nicht an Universitäten erworben)

buticulạris Erzschenk (eines der 4 Hofämter im fränkischen Reich)

C

cadụcum	Gut, das mangels Erben an den Fiskus fällt
caelibes	Unverheiratete (mit Sonderstellung im Recht)
caespitạticum	Abgabe für Beschädigung des Grases durch Wagen oder anlegende Schiffe
calạmitas	Schaden; Unfall; Unglück
cạlculus Minẹrvae	Stimmsteinchen der Minerva (d. h. bei Stimmengleichheit der Richter ist zugunsten des Angeklagten zu entscheiden)
calụmnia	Schikane; Verleumdung; vorsätzlich falsche Anklageerhebung (Prozeßverleumdung – Legisten); Anfechtung der Grundbesitzveräußerung durch die näheren Erben des Veräußerers (Beispruchsrecht – älteres deutsches Recht)
cạmbium	Wechsel
cạmera	Ort der Vermögensaufbewahrung; Kammer, Kammergut; Domäne
camerạrius	Kämmerer, Vermögensverwalter
cancellạria	Kanzlei
cancellạrius	Kanzler; im ripuarischen Recht Gerichtsschreiber
candidạtus	Bewerber um hohe Staatsämter und um das Staatsexamen
cạnones apostọlici	apostolische Kanones

canọnicus	Kanoniker
canonịsta	Kanonist, Vertreter des Kirchenrechts
cạpax dọli	schuldfähig
cappellạnus sạcri palạtii	Erzkaplan, Leiter der Hofschule
capitạneus	an der Spitze einer Personengruppe Stehender; unter dem Grafen stehende Adlige (oberitalienische Statuten); aber auch Hauptbeteiligter am Verbrechen (italienische Statuten)
capitạtio	Abgabe, Steuer; Kopfsteuer, Kopfzins der Hörigen und Leibeigenen
cạpite cẹnsi	steuerfreie Römer (damit ohne politische Bedeutung)
cạpitis deminụtio	Herabminderung der Rechtspersönlichkeit (römisches Recht)
capitulạria	in mehrere kleine Abschnitte (capitula) eingeteilte Satzungen der fränkischen Könige
captạtio	Haschen nach Vorteilen; kaptatorische Verfügungen (auf Gewinn und Vorteil gerichtete letztwillige Verfügungen); Kaptativfragen (Fangfragen)
cạptio	Täuschung, Betrug; Gefahr
captụra	Verhaftung; Kapturbefehl (Haftbefehl)
cạrcer	Karzer, Kerker, Gefängnis
cạrnifex	Scharfrichter für Sklaven und Fremde im Gegensatz zum Liktor

Carolịna	Kurzbezeichnung für die Peinliche Halsgerichtsordnung Kaiser Karls V. von 1532 → Constitutio Criminalis Carolina
Cạrpe dịem	Pflücke (nutze) den Tag (Horaz)
cạrta	→ charta
cạrta partịta	zerteilte Urkunde (das Zusammenpassen der Teile beweist die Echtheit)
castellạnus	Burggraf; jetzt Gebäudeaufseher
castigạtio	Züchtigung
castrạtio	Kastration, Entmannung
Cạsum sẹntit dọminus	Den Zufall spürt der Eigentümer (er trägt den Schaden des zufälligen Untergangs einer Sache)
cạsus	Fall; Zufall; Begebenheit
Cạsus a nụllo praestạntur	Für Zufall braucht niemand einzustehen – D. 50.17.23
cạsus bẹlli	Kriegsfall
cạsus fatạlis	Unglücksfall
cạsus foederis	Bündnisfall
cạsus fortuịtus	echter, nicht voraussehbarer Zufall (gemeines Recht)
Cạsus impotẹntiae invọlvit cạsum voluntạtis et vịce vẹrsa	Der Fall des Unvermögens umfaßt den Fall des (Nicht-)Wollens und umgekehrt (z. B. tritt Ersatzerbschaft ein, wenn der zunächst berufene Erbe nicht Erbe sein kann oder nicht sein will)

cạsus improvịsus	voraussehbarer Zufall (eigentlich ein Fall von Fahrlässigkeit – Kommentatoren)
cạsus mịxtus	gemischter Zufall (z. B. zufälliges Ereignis beim Verzug)
catẹna	Kette (Kettenkommentar)
cạthedra	Katheder; Bischofssitz
cathedrạticum	jährliche Abgaben zur Anerkennung der Oberhoheit des Bischofs; von Kirchen, kirchlichen Korporationen und Benefizien zu leisten
causa	Rechtsgrund; Rechtssache; wichtige Angelegenheit; rechtlich relevante Ursache
causa bẹlli prọxima	unmittelbare Kriegsursache
causa bẹlli remọta	mittelbare, zeitlich weiter zurückliegende Kriegsursache
causa civịlis	zivile Rechtssache
causa cọgnita	nach Untersuchung der Sache
causa contrahẹndi	zum Zwecke des Vertragsabschlusses
causa criminạlis	Strafsache
causa donạndi	Zweck der Schenkung
causae ecclesiạsticae	kirchliche Gerichtsbarkeit über Status-, Patronats- und Testamentssachen
causa effịciens	bewirkende Ursache; Grund
causae maiọres	wichtige Angelegenheiten (Kirchenrecht)
causae minọres	mindere Angelegenheiten (Kirchenrecht)

causae synodạles	öffentliche Verstöße gegen kirchliche Gebote (die im Sendgericht geahndet wurden)
causa fạlsa	Unkenntnis der wahren Sachlage
Causa finịta est	→ Roma locuta
Causa prọxima non remọta spectạtur	Die nähere, nicht die entfernte Ursache wird beurteilt (Seeversicherungsrecht)
causa solvẹndi	Zweck der Erfüllung, erfüllungshalber, zum Zweck der Zahlung
causịdicus	Advokat; Schöffe; Schultheiß; Vorsprecher
cautẹla	Sicherung; Vorsichtsmaßregel bei Abschluß von Verträgen usw.
Cautẹla abụndans non nọcet	→ Abundans cautela …
cautio	Sicherheitsleistung
cautio dạmni infẹcti	Sicherheitsleistung für den zu erwartenden Schaden, der bei möglichem Einsturz des Nachbargebäudes droht
cautio iudicạtum sọlvi	Sicherheitsleistung für die Erfüllung des Urteils
cautio iudiciạlis	prozessuale Sicherheitsleistung
Cautio medicịna est arrẹsti	Sicherheitsleistung beseitigt den Arrest (im Zivilprozeß)
cautio Muciạna	Sicherheitsleistung für die Einhaltung einer Bedingung des Erblassers – D. 35.1.7, 18 und 73

cautio pro expęnsis	Sicherheitsleistung für die Prozeßkosten
cạveat	er hüte sich (von cavere in der Bedeutung von Bürgschaft leisten, haften, sich hüten, in acht nehmen)
Cędi iụs personạle ạlii non pọtest	Ein (höchst)persönliches Recht kann nicht auf andere übertragen werden
Cędo maiọri	Ich weiche dem Stärkeren (Martial)
cellạrius	Kellermeister
censịtus, censuạrius	Zinsmann; Grundhöriger
censụrae	Besserungsstrafen im kirchlichen Strafensystem
censụra ecclesiạstica	Strafgewalt des Bischofs wegen Vergehen gegen die Kirche
cęnsus	Zins, Abgabe; Bürgerliste (Eintragung in die Bürgerliste bedeutete im republikanischen Rom Bürgerrecht)
cęnsus perpętuus	Rentenkauf
cęnsus promọbilis	Zweigilt, Rutscherzins (bei Verzug wird der geschuldete Betrag fortlaufend gesteigert, meist verdoppelt)
centenạrius	Richter in fränkischer Zeit, der eine begrenztere Gerichtsgewalt besaß als der Graf
centụmviri	Hundertmänner(gericht in Rom)
cerạrii, cerocensuạles	Halbfreie der Kirche, die ihre Abgaben in Wachs (cera) für Kerzen zu entrichten hatten, daher die Wachspflichtigen, Wachszinsigen

Cẹrtum ẹsse dẹbet consịlium testạntis	Die Absicht des Erblassers muß unzweifelhaft sein (die Erfüllung des Testaments darf nicht von Dritten abhängig sein – Ulpian)
cespitạticum	→ caespitaticum
Cessạnte causa cẹssat effẹctus	Entfällt die Ursache, so auch die Wirkung
Cessạnte causa cẹssat lex	Das Gesetz fällt weg, wenn sein Grund wegfällt (Gratian)
Cessạnte iụre cẹssat lex ịpsa	Wenn das Recht aufhört, hört auch das Gesetz von selber auf (wobei hier unter Recht ein Rechtsinstitut zu verstehen ist)
cẹssat	es bleibt zurück (Vermerk auf einem Schriftstück, das nicht abgehen soll)
cessạtio a divịnis	Einstellung des öffentlichen Gottesdienstes, angeordnet wegen schweren Vergehens und als Mittel, die Schuldigen zur Sühne zu zwingen → interdictio
cessịcius	Vormund
cẹssio	Zession, Abtretung, Übertragung einer Forderung von dem bisherigen Gläubiger auf einen Dritten
cẹssio bonọrum	freiwillige Vermögensabtretung an die Gläubiger (römisches Recht)
cẹssio lẹgis	Forderungsübergang kraft Gesetzes
Cessionạrius est pro creditọre	Der Zessionar (Forderungserwerber) tritt an die Stelle des Gläubigers
Cessionạrius ụtitur iụre cedẹntis	Der Zessionar genießt das Recht des Abtretenden

cẹssio vindicatịonis	Abtretung des Herausgabeanspruchs
cẹssio voluntạria	freiwillige Abtretung
cẹteris pạribus	unter sonst gleichen Umständen
Cẹterum cẹnseo: (Carthạginem ẹsse delẹndam)	Im übrigen rate ich: (Karthago ist zu zerstören) (stehende Redewendung des älteren Cato am Schluß seiner Senatsreden; sprichwörtlich für eine hartnäckig vertretene Ansicht)
cf.	→ confer
CH	→ Confoederatio Helvetica
charạcter indelẹbilis	unentziehbare und unverzichtbare Fähigkeit
chạrta	Urkunde; Geschäftsurkunde im Gegensatz zur Beweisurkunde (→ notitia); später Verfassungsurkunde (Magna Charta, charte constitutionelle)
chartulạria	Urkundensammlung
chirogrạphum	Schuldschein
cibạria	Musteil (Anteil der Witwe des Bauern an den Speisevorräten des Hofes – Sachsenspiegel)
circụitus	gemeinsame Grenzbegehung als Teil der realen Investitur auf dem Grundstück
Circụitus est evitạndus	Der Umweg ist zu vermeiden
cịrculus vitiọsus	fehlerhafter Kreis, Zirkelbeweis in der Logik
citạtio	Zitation; Vorladung, Ladung

citạtio arcatọria	Ladung in Form eines Befehls
citạtio reạlis	Vorführen vor Gericht
civịlitas	Bürgerrecht
cịvis	Bürger (im Gegensatz zum Fremden → peregrinus)
cịvis nọbilis	Patrizier
cịvitas	Stadt, Staatswesen
cịvitas imperiạlis	Reichsstadt
cịvitas mạxima	Universalmonarchie, Weltstaat (Christian Wolff)
Cịvitas sịbi fạciat cịvem	Der Staat bestimmt selber, wer Staatsbürger ist
clarigạtio	bei den Römern die Forderung nach Genugtuung als Voraussetzung der Kriegserklärung
clạssicus tẹstis, clạssici tẹstes	klassischer Zeuge, klassische Zeugen (nach Alter, Verstand und Ansehen)
clausula	Klausel; Vorbehalt bei einem Rechtsgeschäft
clausula derogatọria	Bestimmung in einer Willenserklärung, daß künftige Willensänderungen unwirksam sind
clausula privatọria	Verfügung des Erblassers, daß seine Erben die Hinterlassenschaft verlieren, wenn sie seinem Willen nicht entsprechen
clausula rẹbus sic stạntibus	Klausel der gleichbleibenden Umstände (Vorbehalt, daß die Weitergeltung eines Vertrages gebunden sei an die Fortdauer der bei Vertragsschluß für wesentlich gehaltenen

Umstände; bei Wegfall der Geschäftsgrundlage wird ein Vertrag hinfällig)

clausula salvatọria erhaltende (rettende) Klausel (in der Vorrede zur → Carolina; den Landesherren wird zugestanden, daß die in ihren Territorien geltenden Rechte erhalten bleiben und daß die Carolina dort nur subsidiär gelten solle)

Clementịnae Clementinen (vierter Teil des → Corpus iuris canonici, Sammlung der seit 1298 ergangenen Konzilsbeschlüsse und Dekretalen, am 25. Oktober 1317 publiziert)

clẹricus Geistlicher

Clẹricus clẹricum non dẹcimat Ein Geistlicher nimmt keinen Zehnten von einem Geistlichen (eine Krähe hackt der anderen kein Auge aus)

clientẹla Rechtsverhältnis zwischen Patron (→ patronus) und dem Klienten, Hörigen, Abhängigen (der Patron mußte sie vor Gericht vertreten, daher auch heute noch die Bezeichnung Klient für die von einem Rechtsanwalt Vertretenen; zusammen die Klientel)

coalịtio Vereinigung, Bündnis

coauctor delịcti Mittäter

cọdex Buch; Schriftensammlung; Gesetzessammlung; Gesetzbuch

cọdex diplomạticus Urkundensammlung

Cọdex Euriciạnus Westgotisches Gesetzbuch König Eurichs (um 475)

Cọdex Gregoriạnus	von Gregorian vorgenommene Privatsammlung kaiserlicher Gesetze von Hadrian bis Diokletian (um 300)
Cọdex Hermogeniạnus	von Hermogenian vorgenommene Sammlung von Konstitutionen Diokletians (um 300)
Cọdex Iụris Canọnici	das Pfingsten 1917 promulgierte Kirchengesetzbuch, das am 19. Mai 1918 an die Stelle des → Corpus iuris canonici trat. Am 27. November 1983 trat der neue C. I. C. in Kraft.
Cọdex Iustiniạnus	Sammlung der Kaisergesetze bis Justinian (529) (die überarbeitete Fassung – Codex repetitae praelectionis – trat 534 in Kraft)
Cọdex Theodosiạnus	offizielle Sammlung kaiserlicher Konstitutionen, von Theodosius II. veranlaßt (438)
codicịllus	kleiner Codex; Zusatz zu einem Testament über die Anordnung eines Vermächtnisses oder andere Verfügungen, die keine Erbeinsetzung oder Enterbungen enthalten
codificạtio	Kodifikation (Vereinigung einer größeren Anzahl von Gesetzen zu einer in sich abgeschlossenen amtlichen Sammlung)
coelibạtus	Zölibat, Ehelosigkeit
coercịtio	Strafgewalt, Verfügungsgewalt der Beamten
Cogitatiọnis poenam nẹmo pạtitur	Niemand erleidet Strafe für die Gesinnung, Gedanken sind (straf)frei – D. 48.19.18
cognạtio	Blutsverwandtschaft
cognịtio	gerichtliche Untersuchung; Erkenntnis

cọgnitor	Klagebevollmächtigter (römisches Recht), später → procurator
cohabitạtio	Beiwohnung
coherẹdes	Miterben
cohortạtio	Ermahnung
cọitus damnạtus, c. illịcitus	Blutschande
collaterạles	Verwandte der Seitenlinie
collạtio	Vergleichung; Zusammenbringung; Einwerfung; im Erbrecht Anrechnung des bei Lebzeiten des Erblassers von ihm Erhaltenen; Amtsübertragung (Kirchenrecht)
collectạnea	Sammlung von Auszügen aus Literaturwerken, Lesefrüchte
collẹga	Amtsgenosse
collegạntia	frühere Form der Kommanditgesellschaft
collegiạlia iụra	Vereinsgewalt, Recht einer Körperschaft, ihre Angelegenheiten selber zu regeln
collẹgium	Verein, Körperschaft, Genossenschaft, Zunft, Innung
collịsio	Kollision, Zusammenstoß, Konflikt (von Interessen, Pflichten, Gesetzen)
collọquium	Gespräch, Unterredung; Tagung
collụsio	Zusammenspiel; im Strafprozeß Kollusions- oder Verdunklungsgefahr

colonạtus	Bebauungsrecht; Pacht- und Leihverhältnis mit abhängigen Bauern
colọnia partiạria	Teilpacht, Pachtvertrag, bei dem der Pachtzins zur Hälfte aus dem Grundstücksertrag (Naturalien) besteht
colọnus	Pächter; später an das Grundstück gebundener Halbfreier
cọmes	Begleiter; juristischer oder militärischer Berater; später höherer Beamter; im Mittelalter Graf
cọmes in bụrgo	Burggraf
cọmes liberọrum	Freigraf
cọmes mạgnus, c. tẹrrae	Landgraf
cọmes mạrchae	Markgraf
cọmes palạtii	Pfalzgraf
cọmitas gẹntium, c. natiọnum	freundschaftliche Rücksicht (im Verkehr der Staaten untereinander)
comitạtus	Grafschaft
comịtia	Volksversammlung
comịtia impẹrii	Reichstag
comitịva	Machtbefugnis eines Hofpfalzgrafen; vom Kaiser verliehenes Sonderrecht
comitịva mạior	Recht, zu adeln und die → comitiva minor zu erteilen

comitịva mịnor Befugnis, Volljährigkeit und Ehelichkeit zu gewähren, Notare zu ernennen, Wappen zu erteilen

commẹnda Vorläuferin der Kommanditgesellschaft (Italien)

commendạtio Empfehlung; symbolischer Akt bei Begründung eines Lehnsverhältnisses

commendạtor derjenige Partner in der → commenda, der dem anderen (→ tractator) Waren anvertraut, damit dieser mit ihnen zum Handel auszieht; beide teilen sich Gewinn und Verlust

commentịcia ẹmptio Scheinkauf

commẹrcia bẹlli ausnahmsweise zugelassene Handelsbeziehungen zwischen Angehörigen kriegführender Staaten; im weiten Sinne alle nichtkriegerischen Beziehungen der kriegführenden Staaten und ihrer Untertanen

commịlito Kommilitone, Universitätsgenosse

commịssa bei Zollhinterziehung beschlagnahmte Gegenstände

commịssa poena verwirkte Strafe

commissạrius Beauftragter, bis Ende des 16. Jh. Bezeichnung für Gesandte

commịssio Kommission, Bevollmächtigung, Auftrag zur Geschäftsbesorgung für fremde Rechnung

commịssum Auftrag; begangene strafbare Handlung; Einziehung des durch Felonie (→ felonia) verwirkten Lehns

committẹntis, committẹntes	Auftraggeber
commịxtio	Vermischung trockener Sachen (Flüssigkeiten → confusio)
commodạtum	Leihe, Leihvertrag; geliehene Sache
cọmmodum	Nutzen, Vorteil
Cọmmodum ẹius ẹsse dẹbet, cụius perịculum est	Der Vorteil muß dem gebühren, der die Gefahr (des zufälligen Untergangs, den Nachteil) trägt
cọmmodum repraesentatiọnis	Zwischenzins
commonitọrium	Erinnerungsschreiben
commoriẹntes	in gemeinsamer Gefahr Umgekommene
Commoriẹntium non vidẹtur ạlter ạlterum supervixịsse	Bei den in gemeinsamer Gefahr Umgekommenen ist nicht davon auszugehen, daß der eine den anderen überlebt habe (anders römisches Recht – D. 34.5.9,4)
commụne trịum	die drei Stimmkörper im Reichstag
commụnia	Stadt im Rechtssinn
communicạtio	Mitteilung, Verbindung, Verkehr
commụnio	Rechtsgemeinschaft; meist zufällige Gemeinschaft (communio incidens) im Gegensatz zu der auf Vertrag beruhenden Gesellschaft (→ societas); Zunft; Markgenossenschaft
commụnio pro divịso	Vermögensgemeinschaft an physisch selbständigen Anteilen

commụnio pro indivịso	Vermögensgemeinschaft zu ideellen Anteilen
commụnitas	Gemeinde; gemeine Mark
commutạtio	Vertauschung; Umwandlung einer Strafe in eine andere
comparạtio	Vergleich
comparạtio litterạrum	Schriftvergleich
compạscuum	Weiderecht der Gemeindemitglieder
compatibịlitas	Vereinbarkeit (von zwei oder mehreren Funktionen in einer Person) → incompatibilitas
compęndium	Handbuch
compensạtio	Aufrechnung; Ausgleich
Compensạtio compensatiọnis non dạtur	Eine Aufrechnung gegen eine Aufrechnung findet nicht statt
compensạtio cụlpae	Anrechnung des mitwirkenden Verschuldens
compensạtio delictọrum	Aufrechnung unerlaubter Handlungen (insbesondere wechselseitiger Beleidigungen)
Compensạtio est dębiti et crędit inter se contribụtio	Aufrechnung ist die Vereinigung der gegenseitigen Schulden – D. 17.2.1
compensạtio lụcri cum dạmno	Aufrechnung des Gewinns mit dem Verlust (Vorteilsausgleich)

compilạtio	Schrift, deren Inhalt aus anderen Büchern zusammengetragen wurde
complemẹntum	Ergänzung
composịtio	Geldbuße als Ausgleich für Körperverletzung, Tötung und Sachbeschädigung
compossẹssio	Gesamtbesitz
compromịssum	Schiedsvertrag
compromịssum plẹnum	Schiedsvertrag für alle unter den Parteien strittigen Rechtsfragen
compụlsio	Nötigung, Zwang
compurgạtor	Eidhelfer
computạtio civịlis	Zivilkomputation, Fristberechnung nach Tagen als kleinster Einheit
computạtio grạduum	Berechnung der Grade (für die Verwandtschaft)
computạtio naturạlis	Naturalkomputation, Fristberechnung vom Zeitpunkt zum Zeitpunkt (→ a momento ad momentum)
conạtus	Versuch (Strafrecht)
concẹdo	ich stimme zu (bei)
concẹpi	ich habe es verfaßt, konzipiert
concẹptio	Empfängnis, Beginn der Schwangerschaft
concẹptum	Konzept, Entwurf eines Schriftstückes
concẹptum fụrtum	Diebesgut

concẹssio	Konzession, Erlaubnis, Einräumung, Bewilligung, Gewährung; einem anderen Staat auf eigenem Territorium zur Verfügung gestelltes Gebiet
conciliạbulum	heimliche, unrechtmäßige (kirchliche) Versammlung
concịlium	Konzil (Kirchenversammlung; Universitätsversammlung)
conclụsio	Schluß; Schlußfolgerung
conclụsum	Beschluß
Conclụsum Impẹrii	Reichsschluß im Sinne der vom Kaiser ratifizierten Beschlüsse des Reichstages
concordạtum	Konkordat, Übereinkunft, Vereinbarung zwischen einem Staat und der römischen Kurie über die Rechtsverhältnisse der katholischen Kirche auf dem betreffenden Staatsgebiet
concọrdia	Eintracht; Konkordat
concubinạtus	Konkubinat, dauerndes eheähnliches Verhältnis, Kebsehe, wilde Ehe
concụbitus	außerehelicher Beischlaf
concụrsus	Zusammenlauf, Aufruhr, feindliches Zusammentreffen
concụrsus actiọnum	Zusammentreffen der Ansprüche; Anspruchskonkurrenz; Klagenkonkurrenz
concụrsus causạrum	Zusammentreffen zweier Erwerbsgründe in einer Person (bringt eine Forderung zum Erlöschen)

concụrsus creditọrum	Zusammenlauf der Gläubiger, Konkurs
concụrsus delictọrum	Verbrechenskonkurrenz
concụrsus simultạneus	Idealkonkurrenz
concụssio	Erpressung; Einschüchterung durch Mißbrauch der Amtsgewalt
condemnạtio	richterliche Verurteilung; im Seekriegsrecht die Entscheidung, daß ein Schiff als gute Prise anzusehen ist
condịcio	Bedingung (→ sub condicione)
condịcio affirmatịva	Bedingung, die in der Vornahme einer Handlung besteht
condịcio casuạlis	vom Zufall abhängige Bedingung
condịcio impossịbilis	unmögliche Bedingung (weil sie den Naturgesetzen widerspricht)
condịcio in fraudem lẹgis adscrịpta	zur Gesetzesumgehung eingefügte Bedingung (wörtlich: zum Betrug des Gesetzes)
condịcio iụris	rechtliche Voraussetzung
condicionạlia negọtia	bedingte Rechtsgeschäfte
condịcio negatịva	Bedingung, die in der Unterlassung einer Handlung besteht
condiciọnis implẹndae causa dạtum	zur Erfüllung einer Bedingung gegebene Zuwendung

Condịcio pẹndet	Die Bedingung schwebt, sie führt zu einem rechtlichen Schwebezustand
condịcio possịbilis	mögliche Bedingung
condịcio resolutịva	auflösende Bedingung
condịcio sịne qua non	Bedingung, ohne die (etwas) nicht (geschehen kann), (für den Kausalzusammenhang) unerläßliche Bedingung
condịcio suspensịva	aufschiebende Bedingung
condịctio	ungerechtfertigte Bereicherung; die Aufforderung des Klägers an den Beklagten, vor dem Richter zu erscheinen (römischer Zivilprozeß)
condịctio causa finịta, c. ob causam finịtam	Anspruch auf Herausgabe des Geleisteten (weil der Rechtsgrund zur Leistung später weggefallen ist)
condịctio furtịva	Anspruch des Eigentümers gegen den Dieb oder dessen Erben auf Herausgabe des Gestohlenen
condịctio indẹbiti	Anspruch auf Herausgabe der vermeintlich geschuldeten Leistung, also des Nichtgeschuldeten
condịctio ob causam datọrum, c. causa dạta, c. causa non secụta	Anspruch auf Herausgabe des Empfangenen, weil der bezweckte Erfolg des Rechtsgeschäfts nicht eintritt (z. B. die Eheschließung)
condịctio ob iniụstam causam	Anspruch auf Herausgabe des durch eine unerlaubte Handlung Erlangten
condịctio ob tụrpem causam	Anspruch auf Herausgabe des auf schimpfliche Weise Empfangenen (die Annahme ver-

	stößt gegen ein Gesetz oder gegen die guten Sitten)
condịctio sịne causa	Anspruch auf Herausgabe des ohne rechtlichen Grund Erlangten (Mangel oder Wegfall des Leistungsgrundes)
condịtio	→ condicio
condomịnium	gemeinsames Eigentum verschiedener Staaten
condomịnium pro pạrtibus indivịsis	Miteigentum nach Bruchteilen
condụctio	Miet-, Pacht-, Dienst- und Werkvertrag und der daraus entstandene Anspruch des Mieters usw.
confarreạtio	religiöse Eheschließung unter römischen Patriziern
cọnfer, conferạtur (cf.)	vergleiche, es werde verglichen
confẹssio	Bekenntnis im Sinne von Geständnis; Anerkenntnis, Aussage
Confẹssio Augustạna	Augsburgische Konfession, das lutherische Bekenntnis
Confẹssio est non probạtio	Ein Geständnis ist kein Beweis (im modernen Strafprozeß)
Confẹssio est regịna probatiọnum	Das Geständnis ist (im Prozeß) die Königin der Beweise (denn der Gegner braucht ein Eingeständnis nicht zu beweisen; im Inquisitionsprozeß kam ohne Geständnis kein Urteil zustande)

confẹssio fịdei	Glaubensbekenntnis
Confẹssio Helvẹtica	Reformiertes Bekenntnis
confẹssio in iudịcio	Zugeständnis von Tatsachen (römisches Recht); Geständnis im modernen Sinne
confẹssio in iụre	Anerkenntnis des gegnerischen Anspruchs
Confẹssio Tetrapolitạna	Vierstädtebekenntnis (in der Abendmahlslehre abweichendes reformatorisches Bekenntnis der Städte Straßburg, Konstanz, Memmingen und Lindau – 1530)
Confẹssus pro iudicạto habẹtur	Das Anerkenntnis (des gegnerischen Anspruchs) ist einem Urteil gleichzuachten – D. 42.2.3
confidẹntia	Vertrauen; vertrauliche Mitteilung
confinạtio	Verstrickung, Zwangsdomizil; Aufenthaltsbeschränkung
confịnes militạres	Militärgrenzen
confịnium	(Grundstücks-)Grenze; Grenzlinie
confirmạtio	Zustimmung; Bestätigung
confirmạtio iụris Germạnici	Bestellung einer Vormundschaft nach deutschem Recht (seit den Reichspolizeiordnungen von 1548 bis 1577 wird jeder Vormund von einer Behörde bestellt)
Confirmạtio nịhil dat nọvi	Eine Bestätigung gibt nichts Neues
confiscạtio	Konfiskation, Vermögenseinziehung zugunsten des Staates

conflictạtio, conflịctus	Streit, Streitigkeit; Prozeß
confoederạtio	Konföderation, Staatenbund
Confoederạtio Helvẹtica (CH)	Schweizerische Eidgenossenschaft
confratẹrnitas	Gilde, genossenschaftliche Vereinigung; Erbverbrüderung
confrontạtio	Konfrontation; Gegenüberstellung von Angeschuldigten und Zeugen oder Verletzten
confụsio	Vermischung von Flüssigkeiten; Vereinigung von Forderung und Schuld in einer Person, wodurch beide erlöschen
Confusiọne extịnguitur obligạtio	Das Rechtsverhältnis erlischt durch Vereinigung (von Forderung und Schuld)
Confutạtio Pontifịcia	päpstliche Widerlegung (der Augsburgischen Konfession [→ Confessio Augustana] vom 3. August 1530)
congrẹssio, congrẹssus	Zusammenkunft
coniụgium	Ehe
coniụnctio	Einsetzung von mehreren Erben auf ein und denselben Bruchteil der Erbschaft (gemeinschaftliches Erbteil)
coniurạtio	Verschwörung; Gilde, Zunft, Schwurbrüderschaft
coniurạtor	Eideshelfer
cọniux	Ehegatte (Mann oder Frau)

cọniux binụbus	zum zweiten Male wiederverheirateter Ehegatte
connivẹntia	Nachsicht; wissentliches Geschehenlassen einer strafbaren Handlung (strafbar)
cọnreus	Mitschuldner
consanguịneus	Geschwister, Halbgeschwister
consanguịnitas	Verwandtschaft durch Abstammung vom selben Vater; überhaupt Blutsverwandtschaft
conscrịptio	Darstellung; Beschreibung; Verschreibung; Aushebung zum Wehrdienst
Consẹnsu contrạhitur	Der Vertrag kommt durch Übereinstimmung zustande
consẹnsu ọmnium	einstimmig
consẹnsus	Willensübereinstimmung; Zustimmungsrecht
Consẹnsus fạcit nụptias	Willensübereinstimmung (der Verlobten) bringt die Ehe zustande (Auffassung des älteren katholischen, aber auch schon des römischen Eherechts – D. 50.17.30)
consẹnsus gẹntium	Übereinstimmung der Völker
consẹnsus ọmnium	die einhellige Meinung aller
consẹnsus praesụmptus	vermutete Einwilligung
conservạtio pạcis	Landfriedenswahrung (durch vom König eingesetzte Landfriedenshauptleute)
consiliạrius	Ratsherr; Beisitzer; Ratgeber

consịlium	Überlegung, Rat, Gutachten; Ratsversammlung; Richterspruch; Richterkollegium; Art der Anstiftung (Anraten des Delikts); Vasallenpflicht, am Hof zu erscheinen, um Rat zu erteilen oder am Lehnsgericht teilzunehmen
consịlium abeụndi	Rat wegzugehen; mildere Form der Relegation (Verweisung von der Lehranstalt)
consịlium civitạtis	Stadtrat
consịlium mọrtis	Mordverschwörung
consistọrium	Versammlung der Kardinäle unter Vorsitz des Papstes; in der protestantischen Kirche kollegiale Zentralbehörde
consobrịnus	Kind von Geschwistern (Nichte oder Neffe)
consolidạtio	Vereinigung von Eigentum und sonstigem dinglichem Recht in einer Person; im Bergrecht Vereinigung mehrerer Bergwerke
consọrtes	Mittäter
consọrtes lịtis	Streitgenossen im Zivilprozeß
consọrtium	Gemeinschaft, Genossenschaft
conspirạtio	Verschwörung
conspirạtio plụrium in delịcto	Komplott, Verschwörung zur Tatausführung
constitụtio	Bestimmung, Verfügung, Verordnung, Gesetz, Verfassung
Constitụtio Criminạlis Carolịna	Peinliche Halsgerichtsordnung Karls V. von 1532

constitụtio de feudis	Lehnsgesetz Konrads II. von 1037
constitụtio de regạlibus	wichtiges Gesetz für Bergwerke aus dem Jahre 1158 (dort wurden Silberbergwerke und Salinen als Regal, als nutzbare Hoheitsrechte des Königs bezeichnet; das Bergregal ging ab 1356 in die Hände der Kurfürsten, später in die der Landesherren über)
constitụtum dẹbiti aliẹni	Versprechen zur Erfüllung einer fremden Schuld
constitụtum dẹbiti prọprii	Versprechen zur Erfüllung einer eigenen Schuld
constitụtum feudale	Lehnsstamm (eine mit dem Lehn verbundene Kapitalschuld)
constitụtum possessọrium	Besitzkonstitut zum Erwerb des mittelbaren Besitzes durch Besitzmittlungsverhältnis
consuetụdo	Gewohnheit, Gewohnheitsrecht; von altersher gebräuchliche Abgabe, Steuer
consuetụdo abrogatịva	gesetzaufhebende Gewohnheit (z.B. durch lange Nichtanwendung des Gesetzes)
Consuetụdo (quạsi) ạltera natụra	Die Gewohnheit ist (gleichsam) eine zweite Natur (Cicero)
cọnsul	Konsul
cọnsul elẹctus	Wahlkonsul
cọnsules mạris	ursprünglich Verwaltungsbehörde in Handelssachen, später Handelsgericht
cọnsules mercatọrum	aus dem Kreis der Kaufleute gewählte Richter in Handelssachen

cọnsules ultramarịni	Gerichtsbehörde für den internationalen Handel im Mittelmeerraum (frühere Konsulargerichte)
cọnsul mịssus	Berufskonsul
consultạtio	Beirat
consụltum	Beschluß
consụltum impẹrii	Reichsgutachten
consummạtio crịminis	Vollendung des Verbrechens
consụmptio	Vernichtung; Untergang eines Rechts, einer Rechtsvorschrift
contestạtio	Aufrufung von Zeugen; außergerichtliche Mahnung des Schuldners
cọntio	Volksversammlung zur Entgegennahme von politischen Mitteilungen
contrạctus	Vertrag, Vertragsurkunde
contrạctus aestimatọrius	Trödelvertrag (Hingabe von Sachen unter Wertfestsetzung zum Verkauf mit der Verpflichtung des Empfängers, innerhalb einer bestimmten Frist entweder die Sachen zurückzugeben oder den festgesetzten Geldbetrag zu zahlen)
contrạctus bilaterạlis aequạlis	vollkommen zweiseitiger (gegenseitiger) Vertrag
contrạctus bilaterạlis inaequạlis	zweiseitiger, aber nicht gegenseitiger Vertrag

contrạctus innominạtus	unbenannter Vertrag
contrạctus mohạtrae	mittelbares Darlehen (Hingabe von Sachen zum Verkauf mit der Anweisung, den Verkaufserlös als Darlehen zu betrachten)
contrạctus multilaterạlis	mehrseitiger Vertrag
contrạctus pignoratịcius, c. pigneratịcius	Pfandvertrag
contrạctus socịdae	Eisernviehvertrag (bei Pachtverträgen über bäuerliche Einrichtungen, zu deren Inventar Vieh gehört, übernimmt der Pächter die Gefahr für das Vieh nach dem Satz „Eisern Vieh stirbt nie“)
contrạctus vitalịtius	Leibzuchtvertrag, Leibgedinge (Eigentumsübertragung an einem Grundstück gegen lebenslängliche Versorgung)
contradịctio in adiẹcto	Widerspruch im Hinzugefügten (im Beiwort, das eine Eigenschaft oder Beschaffenheit ausdrückt, die mit dem Hauptwort unvereinbar ist, z. B. kleinere Hälfte, hölzernes Eisen)
cọntra iụs clạrum	gegen klares Gesetz
cọntra lẹgem	gegen das Gesetz, zu ihm im Widerspruch
contrạrius ạctus	Aufhebung durch Vertrag oder tatsächliche Handlungen
contrạrius consẹnsus	gegenteilige Übereinstimmung (formlose Vereinbarung der Parteien, daß der zwischen ihnen geschlossene Vertrag wieder aufgeho-

	ben sein solle, Form des Erlaßvertrages – römisches Recht)
contrasignạtio	Gegenzeichnung durch den Fachminister
Cọntra tạbulas nụlla vạlet usurpạtio	Entgegen der Grundbucheintragung gibt es keine Aneignung
contravẹntio	Übertretung eines Gesetzes oder einer Übereinkunft, Zuwiderhandlung
contrectạtio	Berührung einer fremden Sache in Aneignungsabsicht
contribụtio	Steuer schlechthin, aber auch spezielle Steuer für militärische Zwecke
controvẹrsia	Kontroverse, Streit, Streitfrage, Streitigkeit
contubẹrnium	Ehe zwischen Sklaven
contumạcia	Ungehorsam gegenüber dem gerichtlichen Befehl, gegen richterliche Ladung
Cọntumax confitẹtur	Die säumige Prozeßpartei gesteht (die Behauptungen des erschienenen Prozeßgegners) ein
Cọntumax nẹgat	Die säumige Prozeßpartei bestreitet (das Vorbringen der erschienenen Partei) (römisches Recht, gemeines Recht)
Cọntumax non appẹllat	Der Säumige geht nicht in die Berufung (sondern erhebt Einspruch)
contumẹlia	Beschimpfung
conụbium	Ehe; Fähigkeit zur zivilen Eheschließung

conụcula	Spindel, Kunkel; das weibliche Geschlecht; daher Kunkelmagen für Abstammung mütterlicherseits
convalescẹntia	Konvaleszenz, Gültigwerden unwirksamer Rechtsgeschäfte nach Wegfall eines Hindernisses
convẹntio	Konvention, Übereinkunft, Vereinbarung, Vertrag
convẹntus	Konvent, Zusammenkunft; Versammlung der Reichsstände, später Reichstag
convẹrsio	Konversion, Umdeutung eines an sich nichtigen Rechtsgeschäfts in ein gültiges anderes
convịctio	Überführung (eines Verbrechers)
convịvium	Zunft
convịvium iurạtum	Gilde
cooperạtio	Kooperation, Zusammenwirken
cooptạtio	Ergänzungswahl, Selbstergänzung
cọpula	Ehebund; leiblicher Vollzug der Ehe
copulạtio	Vereinigung; kirchenrechtliche Trauung
cọram pọpulo	vor dem Volk
cọram pụblico	vor der Öffentlichkeit, vor aller Augen
corollạrium	Zugabe; selbstverständliche Folgerung aus einem Vordersatz
corporạtio	Korporation, Körperschaft; Zunft

cọrpus	Körper; Sammlung
Cọrpus catholicọrum	Gemeinschaft der katholischen Stände im Reichstag
cọrpus delịcti	Tatbestand des Verbrechens (16. Jh.); das gesamte Erscheinungsbild des Verbrechens; Tathinweis, Beweisstück für eine strafbare Handlung
Cọrpus evangelicọrum	Gemeinschaft der protestantischen Stände im Reichstag
cọrpus iụris	Rechtskörper, Rechtssammlung
Cọrpus iụris canọnici	Sammlung des mittelalterlichen Kirchenrechts (um 1140 bis 1317; es betraf nicht nur kirchliche Angelegenheiten; das reine Kirchenrecht → ius ecclesiasticum)
Cọrpus iụris civịlis	Sammlung der Rechtsbücher des oströmischen Kaisers Justinian (527–565)
corrẹctio	Züchtigung
corrụptio	Korruption, Bestechlichkeit; Untergang, Zerstörung, Sittenverderbnis
creạtor	Schöpfer; Urheber; Wähler
credẹnda	dogmatischer Teil der Kirchenordnung
crẹditor	Gläubiger
crẹdo	ich glaube, Glaubensbekenntnis
crịmen	Verbrechen; Vergehen
crịmen ạmbitus	Amtserschleichung

crịmen barratạriae — Bestechung

crịmen continuạtum — fortgesetztes Verbrechen, Dauerdelikt

crịmen de peculạtis — Unterschlagung

crịmen de resịduis — Unterschlagung im Amt, Unterschlagung öffentlicher Gelder

crịmen effrạcti — Fluchtbegünstigung durch den Wärter

crịmen expilạtae hereditạtis — Entwendung von Erbschaftssachen

crịmen fạlsi — Fälschungsverbrechen

crịmen flạgrans — Verbrechen, bei dem der Täter auf frischer Tat ertappt wird → in flagranti

crịmen incẹndii — Brandstiftung

crịmen incẹstus, c. incẹsti — Blutschande

crịmen laesae maiestạtis — Majestätsverbrechen

crịmen perduelliọnis — Hochverrat

crịmen plạgii — Freiheitsberaubung

crịmen repetịtum — wiederholtes Verbrechen, Rückfallverbrechen

crịmen repetundạrum — Mißbrauch der Amtsgewalt; aktive und passive Beamtenbestechung

crịmen sacrilẹgii — Kirchenraub, Kirchenschändung → exsecratio ecclesiae → pollutio

crịmen syndicạtus	Rechtsbeugung
crịmen vis	Sammelbezeichnung für verschiedene Arten von Gewaltverbrechen gegen das Leben
crịmina culpọsa	fahrlässige Delikte
crịmina dolọsa	vorsätzliche Delikte
Crịmina mọrte exstinguụntur	Verbrechen werden durch den Tod getilgt – D. 48.4.11
c. t.	→ cum tempore
cucurbitạtio	Zum-Kürbis-Machen (Felonie [→ felonia] des Lehnsmannes durch Beischlaf mit der Frau, Braut, Verwandten oder Verschwägerten des Lehnsherrn)
Cui bono?	Wem zum Guten, zum Vorteil, zum Nutzen?
Cuịque defẹnsio tribuẹnda	Jedem muß die Verteidigung gewährt werden
Cụius rẹgio, ẹius relịgio	Wessen Land, dessen Glaube (Augsburger Religionsfrieden von 1555)
cụlpa	Schuld als Oberbegriff, im engeren Sinne Fahrlässigkeit
cụlpa concụrrens	Mitverschulden
cụlpa in abstrạcto	abstrakte Fahrlässigkeit (Außerachtlassung der allgemein üblichen Sorgfalt)
cụlpa in concrẹto	konkrete Fahrlässigkeit (Versäumen der Sorgfalt, die in eigenen Angelegenheiten geübt wird → diligentia quam in suis)

cụlpa in contrahẹndo	Fahrlässigkeit bei Vertragsschluß
cụlpa in custodiẹndo	Fahrlässigkeit bei der Beaufsichtigung
cụlpa in eligẹndo	Fahrlässigkeit bei der Auswahl der Mitarbeiter
cụlpa lạta, c. mạgna	grobe Fahrlässigkeit
cụlpa lẹvis, c. ọmnis	leichte, geringe Fahrlässigkeit
cụlpa luxụria	bewußte Fahrlässigkeit
cụlpa neglegẹntia	unbewußte Fahrlässigkeit
cum grạno sạlis	mit einem Korn Salz (nicht ganz wörtlich – Plinius)
cum infạmia	mit Schimpf und Schande
cum laude	mit Lob, lobenswert (Bewertung beim Promotionsverfahren) → magna … → summa …
Cum principạlis causa non consịstit, ne ẹa quae sequụntur lọcum hạbent	Hat die Hauptsache keinen Bestand, so hat, was folgt, ebensowenig Bestand
cum tẹmpore (c. t.)	mit Zeitzugabe (bei Veranstaltungsbeginn)
cumulạtio	Häufung
cumulạtio actịonum	Klagenhäufung

cum vịribus hereditạtis	Begrenzung der Erbenhaftung auf den Nachlaß
cụra	Fürsorge, Pflege, Obhut, Aufsicht; Besorgung, Bemühung
cụra absẹntis	Vermögensverwaltung für Abwesende
cụra bonọrum	Vermögensverwaltung (generell)
cụra debịlium	Vermögensverwaltung für körperlich Gebrechliche
cụra furiọsi	Vermögensverwaltung für Geisteskranke
cụra in eligẹndo	Sorgfalt bei der Auswahl
cụra minọrum	Vermögensverwaltung für Minderjährige
cụra postẹrior	Zukunftsfürsorge; spätere Sorge
cụra prọdigi	Vermögensverwaltung für Verschwender
curạtor	Kurator, Pfleger; der mit der Interessenwahrnehmung einer Anstalt, Stiftung Betraute; früher auch der zur Beaufsichtigung einer Universität eingesetzte Beamte
curạtor bonọrum	Güterpfleger; Konkursverwalter
curatọrium	Aufsichtsbehörde, Verwaltungsausschuß; Amt eines Vormunds
curạtor mạssae	Konkursverwalter
cụra vẹntris	Vermögensverwaltung für den künftigen, nichtgeborenen Erben
cụria rẹgis	Hoftag

currịculum	Wettlauf; Laufbahn
currịculum vịtae	Lebenslauf
custọdia	Gewahrsam
custọdia honẹsta	eine nicht entehrende Haft (früher die Festungsstrafe); Einschließung
cụstos	Wächter, Aufseher von Kirchen (Küster), Museen (Kustos)

D

Da mịhi fạctum, dạbo tịbi ius	Gib mir den Tatbestand, ich gebe dir das Recht (die Parteien haben nur die Tatsachen vorzubringen, das zutreffende Recht muß das Gericht selber finden – nachjustinianisch)
damnạtio	Verurteilung
damnạtio ad fodiẹndam (h)arẹnam	Verurteilung zum Sandgraben
damnạtio ad latọmias	Verurteilung zur Arbeit in den Steinbrüchen
damnạtio ad ọpus pụblicum	Verurteilung zu öffentlichen Arbeiten
damnạtio in metạlla	Verurteilung zur Arbeit in den Bergwerken
damnạtio in pistrịnum	Verurteilung zur Arbeit in den (Stampf-) Mühlen
damnạtur	wird verurteilt, verdammt; nicht für den Druck zugelassen (Gegensatz → imprimatur)
damnifịcium	Schadenszufügung
damnọsa herẹditas	überschuldeter Nachlaß
dạmnum	Schaden, Nachteil; Sachbeschädigung; Geldstrafe
dạmnum emẹrgens	Vermögensschaden (im Gegensatz zum entgangenen Gewinn → lucrum cessans)
dạmnum ẹxtra rem	Nebenschaden

dạmnum infẹcti	Schaden durch Einsturz von Bauanlagen
dạmnum iniụria dạtum	widerrechtlich zugefügter Schaden
Dạmnum sịne iniụria ẹsse pọtest	Ein Schaden kann (auch) ohne Unrecht entstehen
dạpifer	Küchenmeister, Truchseß, Seneschall (am deutschen Königshof eines der Erzämter, das dem rheinischen Pfalzgrafen zustand – Erztruchseß)
dardanariạtus	Getreidewucher (nach dem berüchtigten römischen Getreidewucherer Dardanarius benannt); später Waren- und Preiswucher
Dat cẹnsus honọres	Die Steuereinschätzung gewährt Ehren; Reichtum bringt Ansehen
dat, dọnat, dẹdicat (d. d. d.)	gibt, weiht, widmet (Widmungsformel)
dạtio in solụtum	Hingabe (von Sachen) an Zahlungs Statt
dạtum	gegeben (vor Orts- und Zeitangabe); später substantiviert zur Zeitangabe
dạtum ut rẹtro	Datum wie umstehend
dạtum ut sụpra	Datum wie oben
Dạtur benefịcium prọpter offịcium	Das Einkommen wird aufgrund des Amtes gegeben
D. D.	→ Divis
D. D.	→ domus divina

d. d. → de dato

d. d. → dicto die

d. d. → dono dedit

d. d. d. → dat, donat, dedicat

DDr. → Doctores

de auditu vom Hören(sagen)

debellạtio Kriegsbeendigung durch militärische Vernichtung des Gegners

debilitạtio Verstümmelung (um vom Militär- oder Kriegsdienst freizukommen)

dẹbitor Schuldner

dẹbitor cẹssus Drittschuldner

Dẹbitor speciẹi casuạli intẹritu rẹi liberạtur Der Schuldner einer individuell bestimmten Sache wird durch deren zufälligen Untergang (von der Leistung) befreit

dẹbitum Schuld, Verpflichtung

dẹbitum aliẹnum fremde Schuld

dẹbitum feudạle Lehnsschuld (finanzielle Verpflichtungen, die auf einem Lehn ruhen)

dẹbitum prọprium eigene Schuld

dẹcem, dẹcima (pars) der zehnte (Teil) (der Zehnt als Abgabe an die Kirche, der nicht immer 10 % ausmachte – blieb bis zur Französischen Revolution)

decịsio Dezision, Entscheidung; Bescheid

declarạtio (Steuer- oder Zoll-)Erklärung; feierliche Abmachung von Staaten über das künftige Verhalten

declarạtio lịmitum Landscheide, Untergang, Untergangs(gericht), das über Grenzstreitigkeiten entschied

decrẹta commụnia gemeine Bescheide (des Reichskammergerichts über zweifelhafte Prozeßfragen)

decretạles epịstolae, lịtterae päpstliche Antwortschreiben auf strittige Einzelfragen der kirchlichen Disziplin (sie wurden zur allgemeinen Rechtsquelle des Kirchenrechts → Corpus iuris canonici)

decrẹtum Dekret, Verfügung; Konzilbeschluß als Rechtsquelle des Kirchenrechts; Resolution

decrẹtum de alienạndo obrigkeitliche Veräußerungserlaubnis (für den Vormund)

Decrẹtum Gratiạni ursprünglich private Sammlung des geltenden Kirchenrechts durch den Mönch Gratian, um 1140 entstanden; danach Teil des → Corpus iuris canonici

de dạto (d. d.) von heute

dẹdit er hat gegeben (gezahlt)

dedịtio Auslieferung, Übergabe; feierliche Ergebung des Feindes; bedingungslose Kapitulation

dedụctis impẹnsis nach Abzug der Kosten

dedụcto aere aliẹno nach Abzug der Schulden

de fạcto	von der Tat her, tatsächlich
defẹctus	Mangel; Wegfall, Nichteintritt eines Ereignisses
defẹctus iụris	Rechtsverweigerung
defẹnsio	Verteidigung (vor Gericht)
defẹnsio (necessạria)	Notwehr
defẹnsor	Verteidiger, Anwalt, Vertreter einer Korporation, Vogt
defẹnsor fịdei	Beschützer des Glaubens (vom Papst 1521 an die englischen Könige verliehener Ehrentitel)
Defẹnsor pạcis	Verteidiger des Friedens (berühmtes Werk des Marsilius von Padua, 1324 vollendet)
deferẹns (-ẹntis)	der einem anderen einen Eid Zuschiebende
deficiẹnte pecụnia	bei Geldmangel
definịtio	Bestimmung, Vorschrift, Regel, richterliche Entscheidung
definitịvum	endgültige Erklärung, Regelung, Anstellung
defraudạtio	strafbare Hinterziehung von Abgaben, Unterschlagung im Amt
degradạtio	Amtsenthebung oder Zurückstufen in ein niederes Amt
degustạtio	Probe, Weinprobe; Kauf auf Probe

De gụstibus non est disputạndum	Über Geschmack ist nicht zu streiten
de hodiẹrno dịe	von heute an
dehortatọrium	Abratung; Anweisung eines kriegführenden Staates an seine im Feindesland lebenden Untertanen, sich nicht mit dem Feinde einzulassen
deiẹctio	Vertreibung aus dem Besitz
dẹi grạtia	von Gottes Gnaden (ursprünglich von Bischöfen, seit karolingischer Zeit auch von weltlichen Herrschern geführter Titel)
De intẹrnis non iụdicat praetor	Über das Innere urteilt der Richter nicht (die Gedanken sind nicht Gegenstand rechtlicher Würdigung)
deiurạtio	eidliche Bekräftigung
de iụre	von Rechts wegen
delạtio	Anzeige; Eideszuschiebung; Berufung zum Vormund
delạtio hereditạtis	Berufung zur Erbschaft
delạtio iuramẹnti	Eideszuschiebung
delạtor	Angeber, Verleumder
delatụra	Anzeigelohn (fränkisch-thüringisches Recht)
delạtus	jemand, dem ein Eid zugeschoben wird
deleạtur	es werde getilgt (auf Korrekturbogen)
delegạtio	Überweisung; Übertragung der Zuständigkeit für bestimmte Geschäfte oder für den Einzelfall auf eine andere Person; Übertra-

	gung der Gerichtsbarkeit; Schuldübernahme auf Veranlassung des bisherigen Schuldners
de lęge feręnda	nach künftigem Recht, von einem zu erlassenden Gesetz aus (Forderung an den Gesetzgeber über die künftige inhaltliche Gestaltung eines Gesetzes)
de lęge lạta	vom erlassenen Gesetz aus, vom geltenden Recht aus
delịcta atrocịssima	früher schwerste, d. h. mit verschärfter Todesstrafe bedrohte Verbrechen
delịcta cạrnis	Fleischesvergehen
delịcta commissịva	Begehungsdelikte
delịcta iụris gęntium	Verbrechen, die bei allen zivilisierten Völkern mit schwerer Strafe bedroht sind
delịcta lęvia	weniger schwere, nicht mit Todesstrafe bedrohte Verbrechen
delịcta manifęsta	handhafte (auf frischer Tat entdeckte) Verbrechen (diese Einteilung spielte seit der → Constitutio Criminalis Carolina von 1532 im deutschen Bereich keine Rolle mehr)
delịcta mịxta	Verbrechen, die in die Zuständigkeit sowohl der weltlichen wie der geistlichen Gerichtsbarkeit fallen (kanonisches Recht); Fahrlässigkeitsdelikte (gemeines Recht)
delịcta omissịva	Unterlassungsdelikte
delịcta privạta	nur auf Antrag zu verfolgende Delikte
delịcta pụblica	von Amts wegen zu verfolgende Verbrechen
delịctum, delịcta	unerlaubte Handlung, Schadenszufügung,

	Vergehen; Verbrechen; im engeren Sinne Unterlassung
delịctum consummạtum	vollendetes Verbrechen
delịctum successịvum, d. continuạtum	fortgesetztes Verbrechen
delịctum tentạtum	versuchtes Verbrechen
delimitạtio	Grenzberichtigung
delịnquens (-ẹntis)	Verbrecher
demarcạtio	Abgrenzung
demẹntia	(eine die Zurechnungsfähigkeit ausschließende) Geisteskrankheit
demịssio	Entlassung, Abschied
demonstrạtio	Besitzeinweisung bei Lehen; Bezeichnung des Erben durch Merkmale, nicht durch Namen
De mọrtuis nị(hi)l nịsi bẹne	Über Tote (rede) nur Gutes (denn sie selber können sich nicht mehr verteidigen – Chilon)
denegạtio actiọnis	Klagabweisung
De nịhilo nil	→ Ex nihilo nil fit
denominạtio	Ernennung, Benennung
denuntiạtio	Anzeige, Ankündigung, Aufforderung

denuntiạtor	Ankläger, Angeber
dẹo dạndum	Gott zu geben (Auslieferung des Schaden zufügenden Gegenstandes an den Verletzten, seinen Erben, den Staat oder ihn einem wohltätigen Zweck zuführen)
depeculạtio	Kassendiebstahl
dependẹntia	Abhängigkeit, Zubehör
depọnens (-ẹntis)	jemand, der etwas niederlegt; der Zeuge
depopulạtio	Plünderung
deportạtio (in ịnsulam)	Wegführung, Strafverschickung (auf eine Insel) oder an einen weit entfernten Ort mit Freiheitsbeschränkung
depositạrius	Verwahrer
deposịtio	Ablegung, Entledigung; Hinterlegung (Übergabe einer geschuldeten Leistung an eine öffentliche Stelle zur Erfüllung der Schuldverpflichtung oder zur Sicherstellung); Absetzung eines Geistlichen (Kirchenrecht)
deposịtio cọrnuum	Ablegung der Hörner (symbolische Zeremonie, welcher die auf die Hochschule kommenden Neulinge vor der Immatrikulation unterworfen wurden)
depọsitor	Hinterleger
depositọrium	Ort der Verwahrung (Depot)
depọsitum	Verwahrung; die zur Verwahrung gegebene bewegliche Sache; der Verwahrungsvertrag (nach römischem Recht einer der vier Realkontrakte)

depọsitum irregulạre	Hinterlegungsdarlehen; Hinterlegung vertretbarer Sachen mit Rückgabeverpflichtung für Sachen gleicher Art, Güte und Menge
depọsitum miserạbile	Hinterlegung zur Zeit eines Notstandes
depravạtio	Verschlechterung (des Münzwesens)
deprecạtio iniụriae	Bitte um Verzeihung wegen zugefügter Beleidigung (Privatstrafe)
deprehẹnsio	Festnahme eines Verbrechers
depretiạtio	Entwertung
deprivạtio	Beraubung; Absetzung eines Geistlichen
deputạtio	Abordnung; früher auch Bezeichnung von kollegialen Behörden → deputatus
deputạtum	das Zustehende; Abgaben oder Lohn in Naturalien
deputạtus	Deputierter, Abgeordneter
derelịctio	Dereliktion, Besitzaufgabe an einer beweglichen Sache im Sinne von Eigentumsverzicht; Aufgabe des Grundstücks durch Eintragung des Verzichts im Grundbuch; im Völkerrecht die dauernde, freiwillige Aufgabe der Gebietshoheit ohne Übertragung auf einen anderen Staat
derogạtio	Aufhebung, Beschränkung eines Rechts; Aufhebung einzelner Bestimmungen eines Gesetzes durch ein neues
descendẹntes	Oberbegriff für alle direkten Nachkommen

descrịptio Beschreibung, Aufzeichnung

desẹrtio Verlassen (der Truppe, des Schiffs)

desẹrtio malitiọsa böswilliges Verlassen (Ehescheidungsgrund nach evangelischem Eherecht)

deservịta Gebühren für geleistete Dienste (Anwalt, Arzt)

desiderạtum das Gewünschte, Vermißte; der Mangel

designạtio vorläufige Bestimmung zu einem Amt; Bestellung des Nachfolgers im Amt

desponsạtio Verlobung

destinạtio Bestimmung, Endzweck

destitụtio Aufgeben; Amtsentsetzung, Amtsenthebung, Absetzung

desuetụdo Aufhebung eines Rechtssatzes durch gewohnheitsmäßige Nichtanwendung → consuetudo abrogativa

detẹntio Innehabung oder Besitz einer Sache

deterrịtio Abschreckung durch Strafandrohung

detrạctio Verleumdung eines Abwesenden; heimliche Anschwärzung

detrạctis expẹnsis nach Abzug der Kosten

detrạctus personạlis Nachsteuer, Abzug vom mitgenommenen Vermögen eines Auswanderers → gabella emigrationis

detrạctus reạlis Abschoß, Beerbung eines erbenlos sterbenden Ausländers durch den Staat → gabella hereditatis

detrimentum Nachteil, Einbuße; Vermögensnachteil

dẹus ex mạchina ein Gott aus der Maschine (aus dem Maschinenwerk des Theaters; bezeichnet das unerwartete Dazwischentreten einer Person, die der Handlung eine glückliche Wendung gibt); im übertragenen Sinne: unerwarteter Helfer

Dẹus ọmen avẹrtat! Das wolle Gott verhüten!

devastạtio Verheerung, Verwüstung (Klage des Hypothekengläubigers gegen den Schuldner wegen Verschlechterung des Grundstücks)

devestitụra Entziehung des Lehns

devolụtio Abwälzung, Heimfall, gesetzlicher Übergang eines Rechts auf einen anderen; Devolutiveffekt bei Appellation bringt den Fall an die höhere Instanz

dịcis causa nur zum Schein

dịcta et promịssa zugesagte und versprochene (Eigenschaften der Kaufsache – für sie haftet der Verkäufer)

dictạmina Formelbücher

dịcta probạntia Beweisstellen zur Begründung einer Behauptung

dictạtor Diktator; ein in Notzeiten für sechs Monate berufener außerordentlicher Magistrat der Römer; dann Bezeichnung für den Notar; jetzt ein allgewaltiger Staatsmann

dịcto dịe (d. d.)	am genannten Tag
dịctum	Spruch, Ausspruch, Wort; Befehl
dịctum de ọmni et nụllo	Satz von allem und keinem
dịctum fạctum	gesagt, getan
Diẹi adiẹctio in dụbio pro rẹo est, non pro stipulatọre	Die Hinzufügung einer Frist gilt im Zweifel für den Schuldner, nicht für den Gläubiger (der Gläubiger kann die Leistung nicht vor dem festgesetzten Termin verlangen, der Schuldner sie aber erbringen) D. 45.1.41,1
dịes	Tag, Termin
dịes acadẹmicus	akademischer Tag (ohne Lehrbetrieb)
dịes ad quem	Endtermin
dịes a quo	Anfangstermin
dịes ạter	schwarzer Tag, Unglückstag
dịes fạsti	bei den Römern die Gerichtstage
dịes intercalạris	Schalttag
Dịes interpẹllat pro họmine	Der Tag mahnt anstelle der Person (bei Terminüberschreitung tritt Verzug ohne Mahnung ein – gemeines Recht)
dịes nefạsti	Tage, an denen die Römer kein Gericht hielten
Dịes ọffert pro họmine	Der Tag bietet anstelle des Menschen an (der Gläubiger kommt ohne weiteres in Verzug, wenn er die Leistung nicht zur festgesetzten Zeit entgegennimmt)

diffamạtio, defamạtio	üble Nachrede, Verleumdung, Herabsetzen eines anderen vor Dritten; Rufmord
differẹntiae	Literaturgattung; Gegenüberstellung von einheimischem und fremdem Recht
diffẹssio	Ableugnung; die Echtheit einer Privaturkunde anzweifeln
Difficịle est satịram non scrịbere	Schwer ist es, keine Satire (darüber) zu schreiben (Juvenal)
diffidạtio	schriftliche Kriegserklärung der Herrscher; Fehdeankündigung; Herausforderung; Landzwang, Terror
diffịsio	Unterbrechung oder Verschiebung der Verhandlung
digẹsta	Digesten, geordnete Entscheidungen; die gesammelten und geordneten Rechtsgutachten der berühmtesten römischen Juristen, Teil des → Corpus iuris civilis
dignitạrius	Würdenträger
dịgnitas	höheres Amt (Rom)
dilạtio probatọria	Beweisfrist, in welcher Zeit die Beweismittel genannt sein müssen
dilatọrium	Anweisung zum Aufschub; dilatorisch, aufschiebend (dilatorische Einreden stehen nur zeitweise dem Anspruch entgegen)
dilatụra	Zusatzbuße bei Eigentumsvergehen
diligẹntia	im Rechtsverkehr erforderliche Sorgfalt

diligẹntia quam in sụis	Sorgfalt wie (man sie) in eigenen (Angelegenheiten aufzubringen pflegt)
dimịssio, demịssio	Abschied; Entlassung eines Staatsangestellten; dimittieren, entlassen
diplọma(ta)	Urkunde(n); speziell Königsurkunden, die vom König unterschrieben und in feierlicher Form ausgefertigt sind
diplomatạria	Urkundensammlungen
dịra necẹssitas	grausame Notwendigkeit (Horaz)
directariạtus	Einsteigediebstahl
dirẹctor	Leiter
disciplịna	Einrichtung zur Aufrechterhaltung der internen Ordnung, Zucht; Unterricht, Fächer der Wissenschaft
disciplịna iụris	Grundsätze des Rechts
disciplịna lẹgum	Vorschriften der Gesetze
Dịscite iustịtiam mọniti et non tẹmnere dịvos	Lernet gewarnt Gerechtigkeit üben und nicht verachten die Götter (Vergil)
dismembrạtio	Befugnis des Grundstückseigentümers zur Parzellierung
disparạgium	Mißheirat (Unebenbürtigkeit der Partner)
dispensạtio	Außerkraftsetzen einer rechtlichen Bestimmung für den Einzelfall; von einer Verpflichtung entbinden

disposịtio	Disposition, Verfügung, Anordnung
dissẹnsus	Meinungsverschiedenheit, Nichtübereinstimmung zweier Willenserklärungen
dissociạtio	Trennung, Auflösung; Auflösungsbeschluß der Gesellschafter
distrạctio	Veräußerung, Verkauf
distrạctio pịgnoris	Veräußerung der Pfandsache (zur Befriedigung des Pfandgläubigers)
distribụtio	Verteilung (z. B. der Konkursmasse, der Erbmasse); Austeilung (der Legate)
distrịctio	staatliche Zwangsgewalt
dịvae memọriae	seligen Angedenkens
Dịvide et ịmpera!	Teile und herrsche! (von den Römern zuerst praktizierter, aber nicht von ihnen formulierter Grundsatz; er soll auf den französischen König Ludwig XI. zurückgehen)
Dịvis (D. D.)	den Göttern
divịsio	Teilung von Sachen und Rechten durch die Teilhaber; Einziehung von Kirchengut durch die fränkischen Könige, dafür Zehnt als Entschädigung
divịsio regnọrum	Landesteilung
divọrtium	Ehescheidung durch Übereinkommen (Gegensatz → repudium); später Ehescheidung, Aufhebung der Ehe
dịxi	ich habe gesprochen (Schlußwort der römischen Redner)

Dịxi et salvạvi ạnimam mẹam	Ich habe (pflichtgemäß) gesprochen und meine Seele gerettet (mein Gewissen beruhigt – Hesekiel)
Docęndo dịscimus	Durch Lehren lernen wir (Seneca d. Jüngere)
dọcta ignorạntia	gelehrte Unwissenheit (Nikolaus von Kues)
doctorạndus	jemand, der an seiner Dissertation arbeitet
Doctọres (DDr.)	Doktoren; jetzt auch unrichtig von Einzelpersonen mit mehreren Doktortiteln geführt; korrekt Doctor multiplex
Dọctor honọris cạusa	Dr.h.c., Doktor ehrenhalber; Dr.h.c.mult. mehrfacher Ehrendoktor
Dọctor lęgum	Doktor der Rechte; Mitglied eines Schöffenstuhls
Dọctor utriụsque iụris	Doktor beider Rechte (des weltlichen und des kirchlichen Rechts)
doctrịna adulterịna	(von Justinian um 535 verbotener) privater Rechtsunterricht
Doctrịna Bạrtoli	im Mittelalter herrschende italienische Dolus-Lehre (→ dolus)
documęnta	Urkunden im engeren Sinne
Dọlo ạgit, qui pętit, quod stạtim reddittụrus sit	Arglistig handelt, wer etwas haben will, was er (doch) wieder zurückgeben müßte (D. 50.17.173,3); Einwand des mangelnden Interesses, fehlendes Rechtsschutzbedürfnis
dọlo mạlo	mit Arglist, mit böswilligem Vorsatz
dọlus	Schädigungsabsicht (zivilrechtlich); im engeren Sinne arglistige Täuschung im Rechtsverkehr

dọlus	Vorsatz, das wissentlich rechtswidrige Handeln (strafrechtlich)
dọlus eventuạlis	bewußtes Inkaufnehmen des möglichen negativen Erfolgs, bedingter Vorsatz
Dọlus non praesụmitur	Vorsatz wird nicht vermutet
Dọlus sẹmper praestạtur	Für Vorsatz muß man immer einstehen
domẹsticus	zum Haus gehörig, einheimisch, inländisch
domicịlium	Domizil; Wohnsitz
dọmini cạnes	Hunde des Herrn (Wortspiel zur Bezeichnung der Dominikaner wegen ihrer Wachsamkeit in Glaubensdingen)
dọmini tẹrrae	Landesherren
domịnium	Herrschaft, Rittergut, Eigentum
domịnium dirẹctum	grundherrliches Obereigentum
domịnium ẹminens	landesherrliches Obereigentum
domịnium feudạle	Lehnsherrlichkeit
domịnium lịberum, d. plẹnum	unbeschränktes Eigentum
domịnium polịticum	Eigentum des Souveräns als besondere Ausdrucksform der Souveränität
domịnium sịne re	ein (durch Verjährung) des Anspruchs beraubtes dingliches Recht

domịnium tempọrạle	weltliches Herrschaftsgebiet des Papstes
domịnium ụtile	Untereigentum, Nutzeigentum
dọminus	Herr, Eigentümer
dọmus divịna (D. D.)	Kaiserhaus
donạndi ạnimo	in Schenkungsabsicht
donạtio	Schenkung
donạtio ad pịas causas	Schenkung zu frommen Zwecken
donạtio ante nụptias	Schenkung unter Brautleuten
Donạtio Constantịni	Konstantinische Schenkung (8. Jh.)
donạtio honọris causa	Ehrengabe
donạtio ịnter vịrum et uxọrem	Schenkung unter Ehegatten (sie war nach römischem und gemeinem Recht mit wenigen Ausnahmen nichtig)
donạtio ịnter vịvos	Schenkung unter Lebenden
donạtio mọrtis causa	Schenkung auf den Todesfall
donạtio onerọsa	Schenkung, die dem Beschenkten Verpflichtungen auferlegt
Donạtio Pippịni	Pippinsche Schenkung (754)

donạtio prọpter nụptias	Schenkung wegen der Ehe (Zuwendung des Ehemannes an seine Frau für den Fall, daß er verarmt, durch seine Schuld die Ehe getrennt wird oder er verstirbt – römisches Recht); Witwenversorgung (gemeines Recht)
donạtio remuneratọria	aus Dankbarkeit gemachte Schenkung
donạtio sub mọdo	Schenkung mit der Auflage einer bestimmten Leistung
donatịvum	Geldgeschenk an die Soldaten (Rom)
donạtor	Schenker, Stifter
dọno dẹdit (d. d.)	er hat geschenkt, gestiftet
dọnum	Geschenk
dọs, dotalịcium	Mitgift, Heiratsgut, Aussteuer, Brautschatz
dotạrium	Leibgedinge
dotạtio	Ausstattung; Aussteuer; Zuwendung von Staatsmitteln
Do, ut des	Ich gebe, damit du gibst (Leistung und Gegenleistung) D. 19.5.5 pr.
Do, ut fạcias	Ich gebe, damit du (etwas) tust – D. 19.5.5 pr.
dụae confọrmes	zwei gleichlautende, von der ersten und zweiten Instanz ergangene Entscheidungen in derselben Rechtssache
dubiọsa	zweifelhafte Sachen

dụbium Zweifel

ducạtus secụrus sicheres Geleit für bestimmte Personen durch Geleitbrief

Duc aut dọta! Heirate oder statte aus! (nach kanonischem Recht – X. 5.16.1 – mußte der Verführer die Verführte heiraten und mit dem Heiratsgut ausstatten; in der späteren Praxis entweder heiraten oder ausstatten; dem modernen Recht ist diese Anschauung fremd)

duẹllum Zweikampf

Dụlce est desịpere in lọco Angenehm ist's, zur rechten Zeit unvernünftig zu sein (Horaz)

Dum spịro spẹro Solange ich atme, hoffe ich (Cicero)

Dụo quum fạciunt ịdem, non est ịdem Wenn zwei das gleiche tun, ist es (doch) nicht dasselbe (Terenz)

Dụo vel plụria sunt in obligatiọne, ụnum in solutiọne Zwei oder mehrere Gegenstände sind derart geschuldet, daß durch Leistung des einen Erfüllung eintritt (Wahlschuld, Alternativobligation → alternativa obligatio)

duplicạtio Duplik (Entgegnung des Beklagten auf die Replik [→ replicatio] des Klägers); Duplikat (der schriftlichen Eingaben für den Prozeßgegner)

dụplum das Doppelte (des Geschuldeten)

dupọndius Spottname unbekannter Herkunft für einen Studenten des ersten Jahres in Rom (eigentlich ein Zwei-As-Stück → as)

Dụra lex, sed lex	Hartes Gesetz, aber Gesetz (Grundsatz für die Rechtsanwendung durch den Richter, der nicht auf Kosten der Norm zugunsten der Billigkeit entscheiden darf – aus D. 40.9.12,1 entwickelt)
durạnte lịte	während des Rechtsstreites, während der Rechtsstreit nicht entschieden ist
durạnte matrimọnio	während der Ehe
duụmviri, duọviri	Zweimänner (Titel für zwei in dieselbe Funktion eingesetzte Beamte in Rom)
dux	Führer; Heerführer; Herzog

E

ẹadem res, ẹadem quaestio	derselbe Gegenstand, dieselbe Frage (als Voraussetzung für die Einrede der rechtskräftig entschiedenen Sache → exceptio rei iudicatae)
ebrịetas	Trunksucht (als Fall der Zurechnungsunfähigkeit im gemeinen Strafrecht)
easyclẹsia	Kirche
Ecclẹsia abhọrret a sạnguine	Die Kirche hat kein Verlangen nach Blut → Ecclesia non sitit sanguinem
ecclẹsia filiạlis	Tochterkirche
ecclẹsia mạter	Mutterkirche
ecclẹsia mịlitans	streitende Kirche
Ecclẹsia non sịtit sạnguinem	Die Kirche dürstet nicht nach Blut (strafrechtlicher Grundsatz der Kirche, nie die Todesstrafe zu vollziehen, sondern die weltliche Obrigkeit darum zu ersuchen, Ende 12. Jh. herausgebildet, im → Liber Extra, Buch III, Titel 50, zusammengefaßt)
ecclẹsia prẹssa	leidende, unterdrückte Kirche
ecclẹsia prọpria	Eigenkirche
ecclẹsia recẹpta, reprobạta, tolerạta	(vom Staat) aufgenommene, verbotene, tolerierte Kirche
ecclesiạstici (họmines)	Klosterleute, Hörige der Kirche

ecclẹsia triụmphans	triumphierende Kirche
Ecclẹsia vịvit lẹge Romạna	Die Kirche lebt nach römischem Recht (sie entscheidet nicht nach Landesrecht, sondern nach kanonischem Recht, so erstmalig in der → Lex Ribuaria formuliert)
Ẹde, bịbe, lụde, post mọrtem nụlla volụptas	Iß, trink, spiele, nach dem Tode gibt's kein Vergnügen mehr (Wahlspruch der Epikureer)
edictạles	Studenten des zweiten Jahres, weil sie Teile des Edikts (→ edictum) studierten
edịctum	Erlaß, Bekanntmachung, Verordnung (Ediktsmasse ist ein Teil der Digesten [→ digesta] oder Pandekten [→ pandectae])
ẹdidit	gab heraus (auf Titelblättern)
edịtio	Herausgabe; Forderung der beweisführenden Partei an den Gegner, die in seinem Besitz befindlichen Urkunden vorzulegen (Editionsantrag)
edịtio prịnceps	Erstausgabe eines Werkes
edịtor	Herausgeber; früher Veranstalter von öffentlichen Spielen (Rom)
effẹctus devolutịvus	Devolutiveffekt (der Appellation – ausschließlich die höhere Instanz ist zuständig)
effẹctus suspensịvus	Suspensiveffekt (der Appellation – die niedere Instanz ist in ihrer Tätigkeit gehemmt)
effrạctio	Einbruch
effụsum	(Schaden durch) Herabgießen von Flüssigkeiten aus einem Haus

eiẹctio	gewaltsame Entfernung (aus dem Besitz)
eiẹctum	(Schaden durch) Herabwerfen von Gegenständen aus einem Haus
eiụsdem (ạnni)	desselben (Jahres)
eiụsdem gẹneris	derselben Art (von Tatbeständen liegt dasselbe Recht zugrunde)
elẹctio	Wahl
elẹctio canọnica	Wahl zur Besetzung des päpstlichen Stuhls, der Diözesen usw.
elẹctor	Wähler; Kurfürst
Elẹctus Romanọrum Imperạtor	erwählter römischer Kaiser
elọgium	amtlicher Bericht; Gutachten; später Lobrede
elọgium ụltimum	Testament
emancipạtio	Entlassung aus der väterlichen Gewalt
emancipạtio iudiciạlis	Gerichtsakt bei der Abschichtung, bei der vermögensrechtlichen Verselbständigung eines Hauskindes
emẹnda	Buße, Wergeld (Manngeld), Wiedergutmachung, Entschädigung für ungerechtfertigte Haft und Folter
emẹnda Saxọnica	Sachsenbuße (Zahlung bewahrt vor Kriminalstrafe)
emendạtio	Textberichtigung; Wergeld (Manngeld, Wiedergutmachung)

emendạtio libẹlli	Klageverbesserung (Ergänzung und Berichtigung einzelner Klagetatsachen)
emẹritus	ausgedient, in den Ruhestand versetzt
emigrạtio	Auswanderung
ẹminens, eminentịssimus	hervorragend; Eminenz (Prädikat, Ehrentitel der Kardinäle und Metropoliten, der geistlichen Kurfürsten, früher auch schon der höchsten römischen Beamten)
emịssa mạnu	durch Handschlag
emịssio	Ausgabe von Wertpapieren; Ausstoß von belästigenden Gasen, von Rauch, Gerüchen und Geräuschen (→ immissio)
emphyteusis	Art der Erbpacht (aus dem Griechischen übernommen)
ẹmptio (vendịtio)	Kauf (Verkauf)
ẹmptio ad gụstum	Kauf auf Probe
ẹmptio ad mensụram	Kauf aus einer Masse heraus
ẹmptio per aversiọnem	Kauf in Bausch und Bogen
ẹmptio rẹi sperạtae	Kauf einer künftig entstehenden Sache
ẹmptio spẹi	Hoffnungskauf (der Kaufpreis muß gezahlt werden, auch wenn die Sache nicht entsteht)
emụnitas	Immunität (häufiger → immunitas)
Enchirịdion (-ium)	Handbuch (aus dem Griechischen übernommen)

ẹnsifer	Schwertträger (Titel des Kurfürsten von Sachsen als Erzmarschall des Reiches)
enumerạtio	Aufzählung
eọdem (dịe, mẹnse, ạnno)	am selben (Tag), im selben (Monat, Jahr)
ẹo ịpso	von selber
epịscopus	Bischof
epịstola	Sendschreiben, Brief
epịstola evacuatọria	Todbrief, Kraftloserklärung einer in Verlust geratenen Urkunde (durch Urkunde)
erẹctio	Errichtung eines Kirchenamtes
eremodịcium	Verhandlung in Abwesenheit der nichterschienenen Partei, Vorläufer des Versäumnisverfahrens
erepticịa, ereptọria	Verlassenschaftsgüter, das Zurückzugebende, Erbgut eines Erbunwürdigen
ergạstulum	Gefängnis; Arbeitshaus für Sklaven
erogạtor	Testamentsvollstrecker
Errạre humạnum est	Irren ist menschlich (Hieronymus)
errạtum, ẹrror	Irrtum, Fehler
ẹrror cạlculi	Rechenfehler
ẹrror fạcti	Tatirrtum
ẹrror in obiẹcto	Irrtum über das Tatobjekt

ẹrror in persọna	Irrtum in der Person als Angriffsobjekt (im Gegensatz zu → aberratio ictus)
ẹrror in qualitạte	Irrtum über die Qualität des Vertragsgegenstandes (echt – unecht)
ẹrror in substạntia	Irrtum über die Substanz des Vertragsgegenstandes (Gold – Silber)
ẹrror iụris	Rechtsirrtum
ẹrror probạbilis	entschuldbarer Irrtum
erudịtio	Gelehrsamkeit
essentiạlia negọtii	wesentliche, unentbehrliche Bestandteile eines Rechtsgeschäfts
Est mọdus in rẹbus, sunt cẹrti dẹnique fịnes	Es ist ein Maß in den Dingen, schließlich gibt es bestimmte Grenzen (Horaz)
Et ab họste docẹri	Auch vom Feind kann gelernt werden
et cẹtera, etc.	und so weiter, usw.
Et non fạcere fạcere est	Auch Unterlassen ist Handeln
evẹctio	Recht auf Beförderung und Weiterbeförderung (des Königs und seiner Beamten als Teil des Herbergsrechts)
evịctio	Entwehrung (Besitzentziehung auf dem Rechtsweg zugunsten eines besser berechtigten Dritten)
ẹvidens (-ẹntis)	evident, augenscheinlich, offenbar, ersichtlich

evocạtio	Herausrufung (bis 1806 Vorladung des Beklagten vor ein auswärtiges Gericht) → privilegium de non evocando
evocatọrium	Vorladungsschreiben
ex abrụpto	unversehens, plötzlich
exạctor	Beamter, der Abgaben, Bußen u. ä. einnimmt
ex aequo et bọno	nach billigem und gutem (Ermessen) (eine in der Schiedsklausel ausdrücklich vereinbarte Entscheidung, die nicht auf Rechtsvorschriften, sondern auf Billigkeit beruht)
exạmen	Prüfung; Bienenschwarm
exạmen tẹstium	Zeugenverhör
ex cạpite	aus dem Kopf, aus dem Gedächtnis; aus einem Rechtsgrund
ex cạthedra (Pẹtri)	vom Stuhle (Petri) (soviel wie unfehlbare Äußerung des Papstes in Glaubensfragen)
excẹptio	Einrede, Einwendung
excẹptio compensatiọnis	Einrede der Aufrechnung
excẹptio de ọdio et ạtia	Einrede, daß die Anklage böswillig und gehässig sei (englisches Recht)
excẹptio dilatọria	dilatorische (verzögernde) Einrede
excẹptio dọli	Einrede der Arglist, des Betrugs
excẹptio dọmini	bei Besitzentziehungsklagen die Einrede eines Rechts zum Besitz

excẹptio excussiọnis	Einrede, daß das Verfahren zunächst gegen den Schuldner und erst danach gegen Dritte durchgeführt werden soll
excẹptio iurisiurạndi	Einrede des abgeschworenen Anspruchs
excẹptio lịtis pendẹntis	Einrede der Rechtshängigkeit (bei einem anderen Gericht)
exceptiọnes fọri declinatọriae	gerichtsablehnende Einreden
exceptiọnes lịtis ingrẹssum impediẹntes	prozeßhindernde Einreden
excẹptio non implẹti (non rịte implẹti) contrạctus	Einrede des nicht erfüllten (nicht richtig erfüllten) Vertrages
excẹptio obreptiọnis	Einrede der Vorspiegelung unwahrer Tatsachen
excẹptio peremptọria	zerstörende Einrede
excẹptio plụrium (concumbẹntium)	Einrede des Mehrverkehrs während der Empfängniszeit
excẹptio refusiọnis prẹtii	Einrede, gutgläubig erworbene Sachen nur gegen Erstattung des Kaufpreises herauszugeben
excẹptio rẹi iudicạtae	Einrede der rechtskräftig entschiedenen Sache
excẹptio spọlii	Einrede, daß der durch Gewalt außer Besitz Gesetzte vor dem Prozeß erst wieder in den

	Besitz gesetzt werden muß (im kanonischen Prozeß)
excẹptio subreptiọnis	Einrede der Verschweigung wahrer Tatsachen
excẹptio tẹmporis	Einrede der Verjährung
excẹptio vitiọsae possessiọnis	Einrede des fehlerhaften Besitzes
excẹssus	Ausschweifung; Überschreitung gesteckter Grenzen (z.B. Notwehrexzeß)
exclusịva (sentẹntia)	Recht bestimmter Staaten, einen ihrer Kardinäle für die Papstwahl auszuschließen → ius exclusivae
ex commissiọne	im Auftrag
excommunicạtio	Ausschluß aus der Kirche (großer Kirchenbann); Ausschluß von den Sakramenten (kleiner Kirchenbann)
ex contrạctu	aus Vertrag
exculpạtio	Rechtfertigung, Entschuldigung
excusạtio	Entschuldigung; Befreiung
excusạtus	ein nach Zusicherung der Straffreiheit aus dem Asyl Ausgelieferter
ex delịcto	aus unerlaubter Handlung
execụtio	Ausführung, Vollstreckung; gerichtliche Zwangsvollstreckung
execụtor	Vollstrecker

execụtor ultimạrum voluntạtum	Testamentsvollstrecker
exegẹsis	Auslegung
exẹmpli causa	zum Beispiel, des Beispiels halber
exẹmptio	Herausnahme; Entbindung, Befreiung; Befreiung von der ordentlichen Gerichtsbarkeit; Befreiung von der Jurisdiktion des Bischofs (Kirchenrecht); Befreiung von einer Last (z.B. Steuerlast)
exequạtur	er vollziehe; bei Konsuln der staatliche Akt, der ihm die Ausübung seiner Befugnisse gestattet; im Internationalen Zivilprozeßrecht die Vollstreckbarkeitserklärung für ein ausländisches Urteil
exfestucạtio	Übereignung eines Grundstückes durch symbolische Übergabe eines Stäbchens (→ festuca) an den Rechtsnachfolger, Auflassung
exheredạtio	Enterbung
exheredạtio bọna mẹnte	Beschränkung des Erb- oder Pflichtteils in guter Absicht
exhịbitum	Eingabe, eingereichte Schrift
exhortạtio	Aufmunterung (als Art der Anstiftung)
ex hypọthesi	der Voraussetzung gemäß
exịlium	Verbannung, Fremde, Zufluchtsort
existimạtio	staatsbürgerliche Ehre

ẹxitus	Auflassung, Besitzräumung als Teil der realen Investitur; Tod
ex iụre	von Rechts wegen
exlẹx	außerhalb des Gesetzes stehend
ex mandạto	auftragsgemäß
exmịssio	aus der Wohnung (dem Grundstück) setzen kraft Richterspruchs
ex mọre et ụsu	nach Sitte und Gebrauch
ex nẹxu	außer Zusammenhang
Ex nịhilo nil fit	Aus nichts wird nichts (Melissos/Lucretius)
ex nunc	von jetzt an (wirksam)
ex offịcio	von Amts wegen
exonerạtio	Entlastung
exọnium	echte Not (rechtlich anerkannter Hinderungsgrund, vor Gericht zu erscheinen)
ex oriẹnte lux	vom Osten das Licht; vom Osten kommt die Erleuchtung (Christentum)
expatriạtio	Landesverweisung
expectatịva feudạlis	Lehnsanwartschaft
expẹnsae	Kosten; Gerichtskosten
expensilạtio	Eintragung einer Schuld in ein Buch des Gläubigers

experimẹntum crụcis	Kreuzesprobe (Art Gottesurteil, bei dem die Gegner sich mit seitwärts ausgestreckten Armen vor ein Kreuz stellen mußten. Wer sie zuerst sinken ließ, hatte verloren); allgemein: entscheidender Versuch
Expẹrto credịte!	Glaubt dem Erfahrenen! (Vergil)
expilạtio	Entwendung von Erbschaftsgegenständen
ex post (fạcto)	hinterher, nach (der Tat), danach
Exprẹssa nọcent, non exprẹssa non nọcent	Bestimmungen schaden, keine Bestimmungen schaden nicht (das Hinzufügen von Bedingungen oder Befristungen macht manche Rechtsgeschäfte wirkungslos) D. 50.17.195
exprẹssis vẹrbis	mit ausdrücklichen Worten
ex profẹsso	von Berufs wegen
expromịssio	Schuldübernahme
expropriạtio	Enteignung
ex prọprio rigọre	aus eigener Macht, aus eigener Kraft
expụlsio	Verbannung aus der Gemeinde; Abmeierung (der Gutsherr entzieht dem Besitzer eines Bauerngutes wegen Verschlechterung oder Nichteinhalten der Verpflichtungen den Besitz)
exsecrạtio	Kirchenbann, Verfluchung
exsecrạtio ecclẹsiae	Kirchenschändung → crimen sacrilegii → pollutio
exsecụtio	Exekutive, vollziehende Gewalt

exspectạntia	Anwartschaft (auf noch unerledigte Kirchenstellen)
exspoliạtio	Beraubung, Plünderung
ex(s)tịnctio	Tilgung, Erlöschen
ex tẹmpore	aus dem Stegreif, unvorbereitet
exterminạtio	Vertreibung, Landesverweisung; Ausrottung
extẹrnus	ausländisch, auswärtig, fremd; substantivisch Fremder
exterritoriạlis	nicht der Hoheit des Aufenthaltsstaates unterworfen (völkerrechtliche Ausnahmeregelung für einzelne Personen und Sachen)
extọrsio	Erpressung
ẹxtra	außerhalb
Ẹxtra ecclẹsiam nụlla sạlus	Außerhalb der Kirche ist kein Heil
extraiudiciạlis	außergerichtlich
ẹxtra mụros	außerhalb der Mauern; außerhalb der Stadt
extrạneus	fremde, nichtverwandte Person; Auswärtiger
ẹxtra ọrdinem	außerhalb der (üblichen) Ordnung
Extravagạntes	ein außerhalb der offiziellen Sammlung bestehender Teil des → Corpus iuris canonici
extrẹma ụnctio	letzte Ölung (eines der Sakramente nach katholischem Kirchenrecht)

ex tunc	von damals an (wirksam)
ẹxul, ẹxsul	Verbannter (um seines Glaubens willen Vertriebener)
ex ụngue leọnem	An der Klaue (erkennt man) den Löwen
ex ụsu	aus dem Gebrauch; durch Übung

F

fạbrica ecclẹsiae	Kirchenfabrik als Teil des Kirchenvermögens, deren Einkünfte insbesondere für Kirchenbauzwecke (Kirchenlast) bestimmt sind
Fạbula dọcet	Die Fabel lehrt ..., die Moral von der Geschichte ist ...
fạcta concludẹntia	schlüssige Tatsachen
Fạcta loquụntur	Tatsachen reden
facụltas	Fähigkeit, Befähigung, Fakultät, Vereinigung von Lehrern einer Wissenschaft
facụltas alternatịva	Ersatzbefugnis (Recht, für einen geschuldeten Leistungsgegenstand einen anderen zu liefern)
facụltas docẹndi	Lehrbefähigung an einer Hochschule
facultạtes	die von einer oberen Instanz an die untere delegierten Rechte (Kirchenrecht)
faenus	Zins aus Darlehen, auch das verzinsliche Darlehen selber
faenus nauticum	höherer Zins bei Darlehen über See (Vorläufer der Bodmerei – Darlehen gegen Verpfändung von Schiff, Fracht und Ladung)
falangạgium	Pflockgebühr (Gebühr für das Recht, ein Schiff am Lande festmachen zu dürfen)
Fạlsa causa non nọcet	Ein falscher Beweggrund schadet nicht (ein Irrtum im Beweggrund gewährt keinen Anfechtungsanspruch, außer bei letztwilligen

Zuwendungen, dort also falsa causa nocet) I. 2.20.31; D. 35.1.17,2 und 72,6

Fạlsa demonstrạtio non nọcet — Eine falsche Erklärung oder Bezeichnung einer Sache schadet nicht (Auslegungsregel für Willenserklärungen) D. 35.1.33 pr.

falsificạtio — Fälschung

fạlsum — Lüge, Entstellung der Wahrheit; Fälschung, Betrug

fạlsus procurạtor — ein nicht bevollmächtigter Stellvertreter, Vertreter ohne Vertretungsmacht

fạlsus tụtor — einer, der als Vormund handelt, ohne dazu bestellt zu sein (Nichtvormund)

fạma — Ruf, Gerücht

Fạma crẹscit eụndo — Das Gerücht wächst im Fortschreiten (durch Dazutun – Vergil)

famịlia — Familie; Gemeinschaft der von einem Herrn Abhängigen (z. B. im Fronhofverband); fürstliche Hofhaltung

farinạgium — Abgabe an den Mühleneigentümer für die Benutzung der Mühle

fas — den Göttern vorbehaltene Rechtssphäre (römisches Recht)

fạsces — Rutenbündel (bei den Römern das Zeichen der höchsten Amtsgewalt; von den italienischen Faschisten als Symbol übernommen, daher Faschismus)

fạsti — → dies fasti

fautor delịcti	Begünstiger eines Verbrechens
Favẹte lịnguis	Hütet die Zungen; seid günstig mit den Zungen, schwatzt nicht (Horaz)
fạvor	Begünstigung
Favorabiliọres rẹi pọtius quam actọres hạbent	Die Beklagten sind begünstigter als die Kläger → Actore non probante …
fạvor defensiọnis	Begünstigung des Angeklagten gegenüber dem Ankläger (Beweislast liegt beim Ankläger)
fạvor iụris	Rechtswohltat → beneficium iuris
fạvor testamẹnti	Begünstigung des Testaments (Aufrechterhaltung letztwilliger Verfügungen als wichtige Auslegungsregel für Testamente)
felonịa	Felonie, Bruch der Lehnstreue, Lehnsverrat (vom mittellateinischen felo = Verräter)
fẹmina sẹmel exclụsa, sẹmper exclụsa	Frauen einmal ausgeschlossen, immer ausgeschlossen (Frauen und ihre Abkömmlinge werden in der Erbfolge übergangen und kommen niemals zur Erbfolge)
feriạtus	frei von Geschäften
ferịta	Körperverletzung
ferruminạtio	Verschmieden von Haupt- und Nebensachen als Eigentumserwerbsart
Festịna lẹnte	Eile mit Weile (nach Sueton auf Augustus zurückgehend)

festụca	Halm, Stab (Symbol der Eigentumsübertragung an Grundstücken → exfestucatio)
festucạtio	Halmwurf
feuda ẹxtra cụrtem	außerhalb des Staates liegendes Lehn
feudạlia	Lehnssachen
feudạstrum	Bauernlehn
feudum	Lehn
feudum iniurạtum	Handlehn (Begründung eines Lehnsverhältnisses durch Handschlag und nicht durch Lehnseid → fidelitas feudalis)
Fịat iustịtia, pẹreat mụndus	Es geschehe Gerechtigkeit, und gehe die Welt darüber zugrunde (angeblich Wahlspruch Kaiser Ferdinands I.)
fịctio iụris	Erdichtung des Rechts (gesetzliche Festlegung, daß eine in Wahrheit nicht vorhandene Tatsache als vorhanden gelten soll)
Fịctio ịdem operạ tur quod vẹritas	Die Fiktion bewirkt dasselbe wie die Wahrheit
fịctio retroactịva	Fiktion, daß die Eltern zur Zeit der Zeugung des Kindes hätten Eheleute sein können (Voraussetzung der Ehelichkeitserklärung für ein Kind)
fịctus possẹssor	fingierter Besitzer
fidefrạgium	Treubruch
fideicommịssum	formlose letztwillige Verfügung, deren Erfüllung dem Gewissen (fides) des Erben überlassen ist (römisches Recht); Verfügung

eines Erblassers, wodurch der Erbe verpflichtet wird, einem Dritten eine vermögensrechtliche Leistung (Nutzung eines Grundstücks) zu erbringen (gemeines Recht)

fideicommịssum ẹius quod supẹrerit — Einsetzung der Nacherben auf das, was vom Erbe bei Eintritt der Nacherbfolge übrig ist

fideicommịssum famịliae — Familienfideikommiß (meist als → maiorat)

fideiụssio — Bürgschaft

fideiụssio fideiussiọnis — Nach-, After-, Überbürgschaft

fideiụssio indemnitạtis — Bürgschaft zur Schadloshaltung (der Bürge haftet nur für das, was der Hauptschuldner nicht geleistet hat)

fidẹles — Gläubige; Getreue, Vasallen, Lehnsleute

fidẹlitas feudạlis — Treueid des Lehnsmannes; dann überhaupt Lehnstreue

fidemạtio — Beglaubigung

fidepromịssio — alte Form der Bürgschaft

fịdes pụblica — Schutzversprechen des Staates (z. B. freies Geleit); öffentliches Vertrauen gegenüber dem Staat und seinen Behörden

fịdes pụnica — punische Treue (ironisch für Wortbrüchigkeit)

fidụcia — Vertrauen; Rechtsverhältnis, das jemanden Dritten gegenüber berechtigt, über das Recht eines anderen zu verfügen, aber dem Inha-

	ber gegenüber verpflichtet, nur in dessen Interesse und nur nach seinen Weisungen zu verfügen (fiduziarische Geschäfte)
filiạtio	Sohnwerdung; Filiationsklage, Klage auf Anerkennung der Vaterschaft
fịlius mantellạtus	Mantelkind (ein durch spätere Eheschließung legitimiertes Kind)
fịnis	Ende, Zweck
fịnis iustịtiae	Strafzweck
firmạtio	Unterzeichnung und Siegelung der Urkunde durch Aussteller und Zeugen
fiscạrius	Steuerpächter; Schuldner des Fiskus
fịscus	Korb, Geldkorb; Inbegriff der Staatseinkünfte, der Staatsschatz; Bezirk für die Verwaltung von Domänen
Fịscus sẹmper solvẹndo est	Der Fiskus muß immer erfüllen, bezahlen – D. 23.5.2
fịxum	das Bestimmte, Festgesetzte; Gehalt im Verhältnis zu Nebenbezügen; Vergütung für regelmäßige Auslagen
flagịtium	Schandtat
flạgrans	hitzig, brennend; offensichtlich → crimen flagrans
flọreat	es blühe, es gedeihe
florilẹgium	Blumenlese; Anthologie, Sammlung einer Auslese von Stücken, auch von Rechtswörtern

fọdrum Futterabgabe für das Heer; Gastrecht für den König; Romzugssteuer (italienisches Verfassungsrecht)

fọnticus Fondaco, Handelsniederlassung

forẹnses Forensen, Ausländer bzw. Gemeindefremde mit Grundstück im Inland bzw. in der Gemeinde (daher zu deren Gerichten gehörig)

forẹnsis gerichtlich, gerichtspflichtig

forẹstum domịnicum, f. bannạrium Herrschaftswald, Bannwald (ein von Staats wegen dem gemeinen Gebrauch entzogener Wald)

forisfạctio Amtsvergehen

fọrmula Rechtsformel

Fọrmula concọrdiae Konkordienformel (abschließende Formulierung der Lutherischen Lehre in 12 Artikeln)

fọrmula iuramẹnti Eidesformel

fornạgium Abgabe für die Benutzung des Backofens des Herrn als Zwing- und Bannrecht

fornicạtio Sittlichkeitsverbrechen; Hurerei; Geschlechtsverkehr mit einer Witwe (kanonisches Recht)

fọrtiter in re, suạviter in mọdo stark in der Sache, maßvoll in der Art (der Ausführung)

fọrum in Rom öffentlicher Platz für Versammlungen und Gerichtsverhandlungen; daher allgemein Gerichtshof, das zuständige Gericht

fọrum commụne allgemeiner Gerichtsstand

fọrum conexi-tạtis	Gerichtsstand des Hauptprozesses
fọrum contrạctus	Gerichtsstand des Vertragsabschlußortes (bei Klagen aus Schuldverhältnissen)
fọrum delịcti commịssi	Gerichtsstand des Begehungsortes (bei unerlaubten Handlungen)
fọrum deprehen-siọnis	Gerichtsstand der Ergreifung (bei strafbaren Handlungen)
fọrum domicịlii	Gerichtsstand am Wohnsitz (des Beklagten)
fọrum extraordi-nạrium	außerordentlicher Gerichtsstand
fọrum gẹstae administratiọnis	Gerichtsstand am Ort der Vermögensverwaltung
fọrum hereditạtis	Gerichtsstand der Erbschaft (bei Erbstreitigkeiten)
fọrum non con-vẹniens	unangemessenes Gericht (ein Gericht, vor dem die Rechtsverfolgung für eine der Parteien eine ausgesprochene Schikane ist)
fọrum prorogạtum	vereinbarter Gerichtsstand
fọrum reconven-tiọnis	Gerichtsstand der Widerklage
fọrum rẹi sịtae	Gerichtsstand des Lageortes (von Grundstücken)
fọrum solutiọnis	Gerichtsstand des Erfüllungsortes (bei Klagen aus Schuldverhältnissen)
fọrum speciạle	besonderer Gerichtsstand

frạctio	Bruchteil, Anteil; Fraktion, Vereinigung von Mitgliedern einer Partei in den Volksvertretungen
fratẹrnitas	Gilde, Zunft
fratrịagium, frerạgium fratẹrnitas	beim Erstgeburtsrecht Erbteil für die nachgeborenen Söhne
fraudạtor	Betrüger
fraus	arglistiges Verhalten zum Schaden anderer (oberitalienische Statuten); Handeln in gewinnsüchtiger Absicht (Legisten); Betrug; Gesetzesumgehung; Gläubigerbenachteiligung im Konkurs
frẹdus	Friedensgeld
fructuạrius	Nießbraucher, Nutznießer
frụctus	Frucht, Ertrag, Nutzen
frụctus civịles	mittelbare Früchte (z. B. Darlehenszinsen)
frụctus consụmpti	verbrauchte Früchte (muß der schlechtgläubige Besitzer ersetzen)
frụctus exstạntes	vorhandene gezogene Früchte
frụctus industrịales	unmittelbare Früchte (für deren Gewinn Arbeit nötig ist)
frụctus intercalạres	Einkünfte erledigter Pfründen (Interkalarfrüchte)
frụctus naturạles	unmittelbare Früchte
frụctus pendẹntes	hängende Früchte

frụctus percẹpti	gezogene Früchte
frụctus percipiẹndi	schuldhaft nicht gezogene Früchte
frụctus separạti	getrennte Früchte
frụctus stạntes	stehende Früchte
fumạgium	Herdsteuer
fundamẹntum agẹndi prọximum	juristischer Klagegrund (der Klageanlaß, der Umstand, der eine Klageerhebung im gegebenen Zeitpunkt rechtfertigt)
fundamẹntum agẹndi remọtum	historischer Klagegrund (das Rechtsverhältnis, dem der geltend gemachte Anspruch entspringt)
fundạtio	Stiftung
fụndicum	Magazin als Teil exterritorialer Handelsquartiere
fụndus	Landgut, Grund und Boden; auch im übertragenen Sinne gebraucht: Theaterfundus, Fundus an Wissen, Bildung
fụndus dotạlis	Dotalgrundstück (über das der Ehemann nicht verfügen darf)
fur	Dieb
Fur ẹnim sẹmper mọram fạcere vidẹtur	Der Dieb befindet sich offensichtlich immer im Verzug (→ Semper fur moram …) D. 13.1.8,1
furiọsus	Geisteskranker
fur pụblicus	rückfälliger Dieb

fụrtum	Diebstahl, einschließlich Unterschlagung
fụrtum balneạrium	Badediebstahl (Entwendung von Kleidungsstücken aus dem Bad)
fụrtum domẹsticum	Entwendung durch Dienstboten (sogenannter Gesindediebstahl)
fụrtum manifẹstum	handhafter, auf frischer Tat entdeckter Diebstahl
fụrtum noctụrnum	nächtlicher Diebstahl
fụrtum ụsus	unbefugter Gebrauch (Gebrauchsdiebstahl)
fụsio	Verschmelzung (verschiedener Interessen); Übertragung des Vermögens einer Aktiengesellschaft auf eine andere gegen Gewährung von Aktien der übernehmenden Gesellschaft
fustuạrium	Totprügeln als militärische Strafe bei den Römern

G

gabẹlla Steuer, Zoll; speziell Salzsteuer

gabẹlla emigratiọnis Abzugsgeld (Steuer für Auswanderung) → detractus personalis

gabẹlla hereditạtis Erbrecht des Fiskus am Nachlaß des erbenlos versterbenden Ausländers (später fortgefallen, aber Erbschaftssteuer für Ausländer) → detractus realis

gabẹlla immigratiọnis Einwanderungssteuer

gạrda rẹgis Schutzrecht des Königs über die Untertanen, auch wenn diese unter einem anderen Herrn standen

gẹnius lọci (guter) Geist des Ortes

gens, gẹntes Sippe, Großfamilie

Gẹnus perịre non pọtest → Species ei perit, ...

germạnitas leibliche Geschwister

gẹstio Führung, Geschäftsführung, Verwaltung

gẹstor negotiọrum Geschäftsführer (ohne Auftrag); Geschäftsträger

glẹbae adscrịptio Schollenpflichtkeit, Erbuntertänigkeit

glẹbae adscrịptus → adscriptus glebae

glọssa Kommentar, Erklärung eines Wortes, Satzes, Rechtstextes

Glọssae Malbẹrgicae	Malbergische Glossen (in die → Lex Salica eingefügte älteste deutsche Rechtswörter)
glossạrium	Glossar, Sammlung von Erklärungen dunkler Wörter
Glossatọres	Glossatoren, Rechtslehrer (bis etwa 1250), welche mit der Methode des Glossierens am → Corpus iuris civilis arbeiteten
grạdus cognatiọnis	Verwandtschaftsgrad
Graeca non legụntur	Griechisches wird nicht gelesen (die griechischen Konstitutionen im Codex wurden als unerheblich weder glossiert noch ins Lateinische übertragen)
grassạtor	bewaffneter Straßenräuber (römisches Recht)
grạtia	Begnadigung (Legisten)
gratificạtio	freiwillig zugestandene Vergünstigung; einmalige Vergütung neben dem Gehalt; Gläubigerbegünstigung
gravạmen, gravạmina	Beschwerde; Beschwerden der Landstände über Mängel in der Rechtspflege, die durch Gesetze (resolutiones gravaminum) erledigt wurden
gravạntia	(für die Strafzumessung) erschwerende Umstände
grẹmium	Schoß; Kollegium, Körperschaft, Zunft
Gụtta cạvat lạpidem	(Steter) Tropfen höhlt den Stein (Ovid)

H

h. a.	→ hoc anno
h. a.	→ huius anni
Hạbeas cọrpus	Du habest den Körper (Habeaskorpusakte, englisches Staatsgrundgesetz von 1679 zum Schutz der persönlichen Freiheit)
Hạbeat sịbi	Er habe seinen Willen (Terenz)
Hạbent sụa fạta libẹlli	Sie haben ihr Schicksal, die Büchlein (Terentianus Maurus)
habilitạtio	Befähigung (zum Lehren an Hochschulen)
habitạtio	Wohnungsrecht als beschränkte persönliche Dienstbarkeit
hạbitus	Beschaffenheit
Hạnnibal ad (ạnte) pọrtas!	Hannibal vor den Toren! (Cicero, Livius; später Schreckensruf bei drohender Gefahr)
h. e.	→ hoc est
herẹditas	Erbschaft
herẹditas iạcens	ruhende Erbschaft, bei der die Erben noch ermittelt werden oder den Antritt noch nicht erklärt haben
hereditạtis petịtio	Erbschaftsklage, Anspruch des Erben gegen den Erbschaftsbesitzer
hẹres	Erbe

Hic Rhọdos, hic sạlta!	Hier ist Rhodos, hier springe! (Hier zeige, was du kannst), lateinische Übersetzung von Äsops Fabel vom prahlerischen Fünfkämpfer
hinc et nunc	hier und jetzt
Hinc ịllae lạcrimae	Daher jene Tränen (das ist also die wahre Ursache – Terenz)
hoc ạnno (h. a.)	in diesem Jahr
hoc lọco	an dieser Stelle, an diesem Ort
Hoc vọlo, sic iụbeo sit pro ratiọne volụntas	Das will ich, so befehle ich, statt des Grundes diene der Wille (Juvenal)
homạgium	Huldigung des Lehnsmannes (Handreichung, Kuß, Eid)
homicịdium	Totschlag; Mord
homicịdium in rịxa	Tötung im Streit
homicịdium necessạrium	Tötung in Notwehr
Họmo họmini lụpus	Der Mensch ist dem Menschen ein Wolf (Thomas Hobbes)
họmo mịgrans	Ausmärker (Fremder, der sich in der Dorfmark angesiedelt hat)
họmo prọprius	eigener Mensch, Leibeigener
Họmo sum, nil humạni a me aliẹnum pụto	Ich bin ein Mensch, nichts Menschliches ist mir fremd (Terenz)

honọris causa	ehrenhalber
Họra rụit	Die Stunde enteilt
horrịbile dịctu	furchtbar zu sagen
họrror	Furcht, Schrecken
họspites rẹgis	Gäste des Königs (wurden die Fremden genannt, die unter Königsschutz standen)
hụius	von diesem
hụius ạnni (h. a.)	dieses Jahres
humạnitas	Menschlichkeit
hypothẹca	Vertragspfand (römisches Recht); Immobiliarpfandrecht (seit gemeinem Recht)

I

iạctus	Seewurf (Überbordwerfen der Ladung bei drohendem Schiffbruch)
Ịbi dẹbet quis punịri, ụbi quis delịquit	Dort muß man bestraft werden, wo man sich vergangen hat (das Delikt begangen ist)
ịbidem (ib., ibid.)	ebendaselbst
ịctus	Schlag
ICtus	→ iurisconsultus
ịdem	derselbe, dasselbe
ịdem per ịdem	Gleiches durch Gleiches (beweisen)
id est (i. e.)	das ist, das heißt (d. h.)
ịgnis et ạquae interdịctio	→ aquae et ignis interdictio
ignomịnia	Verlust des guten Namens, Schimpf, Schande
ignorạntia invincịbilis	unvermeidbarer Irrtum
ignorạntia iụris	Rechtsirrtum
Ignorạntia iụris nọcet	Unkenntnis des Rechts schadet (Rechtsunkenntnis schützt nicht vor Strafe) D. 22.6.9 pr.
illiquịdus	nicht fällig, unerwiesen (bei Forderungen);

(momentane) Zahlungsunfähigkeit, nicht flüssig → insolventia

illustrạndi causa zum Zwecke des Illustrierens, zur Erläuterung

illụstris Titel der höchsten Rangklasse bei den Römern; seit Karl dem Großen Titel für Herzöge, Grafen, Bischöfe (Erlaucht)

imbecịllitas mẹntis Zurechnungsunfähigkeit

imitạtio veritạtis Entstellung der Wahrheit; Fälschung im weitesten Sinne

immatriculạtio Eintragung in die Matrikel der Hochschule, damit Aufnahme als Student

immediạtus unmittelbar (Immediatstände, bis 1806 die reichsunmittelbaren Stände)

immigrạtio Einwanderung; Immigrant (Einwanderer)

immịssio Einsetzung (in ein Amt); Einlassung; gerichtliche Einweisung in den Besitz von Grundstücken; Einwirkungen von Gasen, Gerüchen, Geräuschen usw. auf das Nachbargrundstück oder überhaupt auf ein Grundstück

immọbilis unbeweglich; Immobilien, Grundstücke

immụnitas Immunität; Freiheit eines Grundstücks von öffentlichen Lasten und von der ordentlichen Gerichtsbarkeit bei gleichzeitiger Begründung einer eigenen Gerichtsbarkeit (römisches, fränkisches und deutsches Recht); gesetzlicher Schutz von Abgeordneten oberster Volksvertretungen vor Maßnahmen der

Strafverfolgung; völkerrechtlich Schutz der Einrichtungen und Beauftragten eines Staates im Ausland gegenüber der dortigen Gerichtsbarkeit

impedimẹnta dirimẹntia — auflösende (Ehe-)Hindernisse

impedimẹnta impediẹntia — aufschiebende (Ehe-)Hindernisse

impedimẹnta matrimọnii — Ehehindernisse als Oberbegriff

impẹnsae — fremde Aufwendungen (Unkosten)

imperạtor — eigentlich Oberbefehlshaber; Herrscher; Titel für den Kaiser

imperatụra — volle objektive Herrschaft über das Imperium

impẹrium — Befehl, Macht, Herrschaftsgebiet

impẹrium marịtimum — Seeherrschaft

impẹrium mẹrum — hohe Gerichtsbarkeit

impetrạtio domịnii — Antrag des Pfandgläubigers, ihm das Pfand an Zahlungs Statt zuzuschlagen

ịmpetus — Ungestüm; Schwung; Affekthandlung; Angriff

implịcite — einbegriffen

impọsito silẹntio — nach auferlegtem Stillschweigen, unter der Bedingung der Verschwiegenheit

Impossibịlium nụlla est obligạtio — Unmögliches braucht nicht geleistet zu werden – D. 50.17.185

impọstor	Betrüger
imprẹssum	Druckvermerk in Büchern, Broschüren u.a. Druckerzeugnissen mit Angabe des Verlages, der technischen Herstellungsbetriebe, der Lizenz- oder Druckgenehmigung, des Herausgebers usw.
imprimạtur	es möge (darf) gedruckt werden, Druckreifeerklärung, Druckerlaubnis, Bestätigung des Bestellers, daß nach dem Korrigieren der angegebenen Fehler der Auflagendruck vorgenommen werden kann; Kurzbezeichnung für die von der kirchlichen Autorität erteilte Druckerlaubnis
imprudẹntia	Unvorsicht; Fahrlässigkeit
imputạtio	Beschuldigung; Zurechnung
imputạtio fạcti	äußerer Anstoß zum Erfolg, äußerer Zusammenhang zwischen Handlung und Erfolg (Erfolgshaftung)
imputạtio iụris	Wille des Täters als Ursache des Geschehens, innerer Zusammenhang (Verschuldenshaftung)
in absẹntia	in Abwesenheit
inaedificạtio	das Hineinbauen; das auf einem Grundstück errichtete Gebäude wird Bestandteil des Grundstücks
in aetẹrnum	auf ewig
in ạrmis	unter Waffen
inaugurạtio	feierliche Einsetzung in ein Amt
in bọna pạce	in gutem Frieden

in brẹvi	in kurzen (Worten), in Kürze
incamerạtio	Inkameration, Einziehung von Gütern für den Fiskus oder zum Kammergut
incapạcitas	Erwerbsunfähigkeit, Unfähigkeit bestimmter Personen, die Erbschaft wirksam anzutreten oder ein Vermächtnis zu erwerben (Unverheiratete, Kinderlose – kam schon früh außer Gebrauch); Unfähigkeit zum Erwerb der Ordination (Ungetaufte, Frauen – Kirchenrecht)
in cạpita	Erbteilung nach Köpfen (Gegensatz → per stirpes)
incarcerạtio	Inkarzeration, Einkerkerung
in cạsu	in jedem Fall
in cạsum	für den Fall
in cạsum contraventiọnis	für den Übertretungsfall
in cạsum necessitạtis	für den Notfall
incẹndium	Brandstiftung
incẹptor	Rädelsführer
incẹrtae persọnae	unbestimmte Personen, unbestimmter Personenkreis
incestuọsi lịberi	in Blutschande erzeugte Kinder
incẹstus	Blutschande (geschlechtliche Beziehungen zwischen Verwandten auf- und absteigender Linie sowie zwischen Geschwistern, früher auch zwischen Seitenverwandten und zwi-

schen Verschwägerten bis zum vierten Grad, ebenso mit einer Nonne)

inchoạtio delịcti
→ incohatio delicti

Incịdit in Scyllam, qui vult vitạre Charybdim
Es fällt in die Scylla, wer die Charybdis vermeiden will (man kommt vom Regen in die Traufe – Zitat aus dem Alexanderlied des Walter von Chatillon – 1180)

incitạtes
Anstifter

incọgnitum, incọgnito
unerkannt, Aufenthalt unter fremden Namen im Ausland (Staatsoberhaupt, Minister mit Zustimmung des Aufenthaltslandes)

incohạtio delịcti
Beginn der Ausführungshandlung

incompatibịlitas
Inkompatibilität, Unvereinbarkeit der gleichzeitigen Bekleidung mehrerer Ämter durch ein und dieselbe Person (weil Pflichtenkollision oder die Gefährdung der sorgsamen Amtsführung zu befürchten ist)

in concrẹto
in Wirklichkeit, im Einzelfall, in einem bestimmten Fall

in contumạciam
wegen Widerspenstigkeit, wegen Widerspenstigkeit gegen die gerichtliche Ladung, also wegen Nichterscheinens (verurteilen)

incorporạtio
Inkorporation, Einverleibung; Eingemeindung

in cọrpore
in der Gesamtheit, gemeinschaftlich

incriminạtio
Anschuldigung

inculpạs (-antis)
Ankläger

inculpạtus	Inkulpat, Angeschuldigter, der im Inquisitionsverfahren eines Verbrechens Beschuldigte (nach Einleitung der Spezialinquisition heißt er → inquisitus)
in cụria	auf dem Rathaus; an der Gerichtsstätte
indẹbite	ohne Verbindlichkeit
indẹbiti solụtio	Erfüllung einer Nichtschuld, Zahlung einer vermeintlichen Schuld
indẹbitum	Nichtschuld; Ungeld, Verbrauchssteuer, Akzise
indẹmnitas	Schadloshaltung; Straflosigkeit; nachträgliche parlamentarische Billigung bestimmter Regierungsmaßnahmen; Straflosigkeit des Abgeordneten in seiner Abgeordnetentätigkeit
in depọsito	in Verwahrung
Ịndex librọrum prohibitọrum	Verzeichnis verbotener Bücher; Verzeichnis von Büchern, die ohne kirchliche Erlaubnis nicht gelesen werden dürfen (Einrichtung der katholischen Kirche seit 1559, seit 1917 de iure aufgehoben, seit 1966 in seiner kirchenrechtlichen Geltung außer Kraft gesetzt)
indịcium	Indiz, Anzeichen; Anzeige
indịctio	Ankündigung, Aufgebot
indịculus inquisitiọnis	Inquisitionsbefehl, Anweisung des fränkischen Königs, ein Inquisitionsverfahren durchzuführen
indigenạtus	Staatsbürgerschaft, Staatsbürgerrecht, Staatsangehörigkeit; verfassungsmäßiges

	Recht auf Gleichbehandlung aller Staatsbürger und auf Schutz im fremden Staat
indịgnitas	Erbunwürdigkeit
indịgnus (hẹres)	unwürdiger (Erbe)
in dụbio	im Zweifelsfall
in dụbio pro rẹo	im Zweifel für den Angeklagten (Grundsatz im Strafverfahren aller Kulturstaaten; 1811 prägte der Strafrechtslehrer von Stübel diesen Ausdruck; Vorläufer → Actore non probante ...)
indulgẹntia	Indulgenz, Nachsicht; Gnade; Straferlaß
indụltum	Indult, Nachsicht, Gewährung; völkerrechtlich die Gewährung der Ausfahrt von Handelsschiffen des Feindes, die bei Kriegsausbruch im Hafen des Gegners waren
in dụplo	in zweifacher Ausfertigung
indụtiae	Waffenstillstand
in effẹctu	in der Tat, wirklich
in effịgie	im Bildnis (verbrennen, hinrichten – früher gebräuchliche Vollstreckung eines Urteils an einem Entflohenen oder Verstorbenen)
in expẹnsas	in die Kosten (verurteilen)
in extẹnso	ausführlich
in fạcto	in der Tat, wirklich
infạmia	Schande, Ehrlosigkeit, Ehrverlust

infạmia civịlis	Aberkennung der bürgerlichen Ehrenrechte
infạmia fạcti	Ehrenminderung kraft öffentlicher Meinung infolge unehrenhafter Handlung, vom Richter im Einzelfall festgestellt
infạmia iụris	Voraussetzung und Folgen einer vom Recht anerkannten Ehrenminderung
ịnfans	Kind (daher Infant/Infantin als Titel für Prinzen/Prinzessinnen der königlichen Familien Spaniens und Portugals)
infạntia	Kindesalter
infanticịdium	Kindesmord
in favọrem	zugunsten, zu Gefallen
infeudạtio	Belehnung, Investitur
infidẹlitas	Untreue, Treubruch; alle schweren Verbrechen, die als Treubruch gegenüber dem Herrscher angesehen werden
in fịdem	für die Treue; zur Beglaubigung
in flagrạnti	im Brennen; während des Brennens (also bei der Brandstiftung ergriffen; später allgemein auf frischer Tat ertappt, speziell beim Ehebruch → crimen flagrans)
inflạtio	Inflation, Aufblähung (der Umlaufmittel)
in fọro	auf dem Forum, vor Gericht
in fraude	heimtückisch
in fraudem creditọrum	(Betrug) zum Nachteil der Gläubiger

in fraudem lȩgis	zur Hintergehung des Gesetzes
ingenu̧itas	Stand der Freien
inhibi̧tio	Einhalt, Verbot; Strafauflage
inhibitǫrium	Einziehungsverbot (von Forderungen) bei Pfändungspfandrechten (Gebot an den Schuldner, sich jeder Verfügung zu enthalten)
in honǫrem	zu Ehren
in iu̧re cȩssio	Abtretung vor Gericht; Scheinprozeß zur Übertragung von Sachen (römisches Recht)
iniu̧ria	jedes Unrecht schlechthin; jede Personenverletzung (Körperverletzung, Beeinträchtigung in der Rechtsstellung, Ehrenkränkung); im engeren Sinne Ehrverletzung durch Wort oder Tat (Beleidigung)
iniuria̧rum (causa)	(wegen) Beleidigung (verklagen)
iniu̧sta possȩssio	unrechtmäßiger Besitz
In ma̧gnis et volui̧sse sat est	In großen (Dingen) genügt es auch, gewollt zu haben (Properz)
in ma̧rgine	am Rande
in mȩdias res	mitten in die Dinge, zur Sache
in memǫriam	zum Andenken, zum Gedächtnis
in mǫra	in Verzug
in natu̧ra	wirklich

in nọmine	im Namen, in Vollmacht
innovạtio monẹtae	Münzverruf
in nụce	in der Nuß, im Kern; zusammengefaßt
in ọmnem evẹntum	für alle Fälle
In ọre duọrum vel trịum tẹstium	Durch zweier oder dreier Zeugen Mund (wird allerwegs die Wahrheit kund – formelle Beweistheorie)
In pạri turpitụdine mẹlior est causa possidẹntis	Liegt auf beiden Seiten Schändlichkeit (im Handeln) vor, so ist die Rechtsposition des Besitzenden, des sich (darauf) Berufenden besser → condictio ob turpem …
in pạrtibus infidẹlium	im Gebiet der Ungläubigen (Zusatz zum Bischofstitel, wenn der Bischofssitz tatsächlich nicht mehr besteht)
in pẹius	zum Schlechteren → reformatio in peius
in perpẹtuam rẹi memọriam	zum ewigen Gedächtnis einer Sache
in perpẹtuum	auf immer
in persọna	persönlich, selber
in plẹno	im Plenum, vollzählig
in praefịxo tẹrmino	in der vorgesehenen Frist
In praetẹritum non vịvitur	In der Vergangenheit wird nicht gelebt (kein Unterhaltsanspruch für die vergangene Zeit, außer gegenüber dem Vater eines Unehelichen)
in prạxi	im Alltag; in der Rechtsprechung

in pụncto	hinsichtlich
inquạntus	Versteigerung
inquisịtio	gerichtliche Untersuchung, Beschaffung der Beweise durch das Gericht als Maxime des gemeinen deutschen Inquisitionsprozesses
inquisịtio haerẹticae pravitạtis, Sạnctum Offịcium	kirchliches Spezialgericht gegen Ketzerei, Heiliges Offizium, seit 1542 päpstliche Zentralbehörde
inquisịtus	Inquisit, der Angeschuldigte in der Spezialinquisition
insimulạtio	Verdächtigung, Anschuldigung
insinuạtio	gerichtliche Zustellung; protokollarische Erklärung des Schenkers
insolvẹntia	Insolvenz, Zahlungsunfähigkeit eines Schuldners → illiquid
in spe	in der Hoffnung, künftig
in spẹcie	im einzelnen
inspẹctio oculạris	Inaugenscheinnahme, Besichtigung
instạntia	Instanz, eine bestimmte Stufe des gerichtlichen Verfahrens (Instanzenzug)
instạntia austregạlis	Schiedsgericht für Streitigkeiten zwischen Reichsunmittelbaren
in stạtu nascẹndi	im Zustand des Entstehens
in stạtu quo	im derzeitigen Zustand, unverändert (auch → status quo)

instigạtio	Aufreizung (als Art der Anstiftung)
institụtio corporạlis	Einführung in ein (Kirchen-)Amt
institụtio herẹdis	Erbeinsetzung
Institutiọnes	Institutionen (Teil des → Corpus iuris civilis)
institụtum	Einrichtung
instrụctio	Belehrung, Anweisung; Art der Anstiftung
instrumẹntum	Werkzeug; Urkunde über ein Rechtsgeschäft
instrumẹntum guarentigiạtum	vollstreckbare Urkunde
Instrumẹntum Pạcis Monasteriẹnsis (Osnabrugẹnsis) (IPM/IPO)	Friedensvertrag zu Münster (Osnabrück) (Westfälischer Friede 1648)
instrumẹntum privạtum	Privaturkunde
instrumẹntum probatiọnis	Beweismittel
instrumẹntum pụblice confẹctum	von einem öffentlichen Schreiber errichtete Urkunde (sie gehört zu den Privaturkunden)
instrumẹntum pụblicum	öffentliche Urkunde
instrumẹntum scelẹris	Werkzeug des Verbrechens
insubordinạtio	Insubordination, Ungehorsam gegenüber einem Vorgesetzten

in subsịdio	im Notfall; in zweiter Linie
insufficiẹntia	Unzulänglichkeit; Überschuldung → illiquid → insolventia
ịnsula in flụmine nạta	im Fluß entstandene Insel (das Eigentum richtet sich nach dem Eigentum am Wasserlauf)
insultạtio	Beleidigung, Beschimpfung, Verhöhnung
insụltus	tätlicher Angriff (nach Beschimpfung → aggressura)
in sụmma	zusammengefaßt, mit einem Wort
insurrẹctio	Aufstand zur Beseitigung einer Regierung
in suspẹnso	unentschieden; im ungewissen
intabulạtio	Eintragung in das Grundbuch, früher in die Landtafel
intẹger vịtae scelerịsque pụrus	reiner Lebenswandel und frei von Schuld (Horaz)
intẹgritas	Makellosigkeit, Unbescholtenheit
intẹntio	Absicht; Rechtsbehauptung; Angabe des Gegenstandes für den klägerischen Anspruch
intẹntio fundạta	fest begründeter Klageanspruch (durch Berufung auf Vorschriften des gemeinen Rechts)
Ịnter ạrma sịlent lẹges	Unter den Waffen (also während des Krieges) schweigen die Gesetze (Cicero)
intercẹptio	Wegnahme; Unterschlagung
intercẹssio	Eintreten für fremde Verpflichtungen durch

	Rechtsgeschäft; Vermittlung zwischen Staaten durch freundschaftliche Ratschläge
intercụrsus	Freizügigkeit
interdependẹntia	Interdependenz, gegenseitige Abhängigkeit
interdịctio, interdịctum	Untersagung; Verbot zum Schutz von Besitzverhältnissen; Besitzschutzklagen; Verbot kirchlicher Handlungen (kanonisches Recht); Entmündigung (französisches Recht)
interdịctio ịgnis et ạquae	→ aquae et ignis interdictio
interdịctum ụnde vi	Klage auf Wiedereinräumung des Besitzes nach gewaltsamer Verdrängung
interdịctum ụti possidẹtis	Rechtsbehelf gegen Besitzstörung an einem Grundstück
interdịctum utrụbi	Rechtsbehelf gegen Besitzstörungen an einer beweglichen Sache
in tẹrgo	auf dem Rücken, auf der Rückseite (z. B. eines Wechsels)
ịnterim	einstweilen
interimịsticum	vorläufige Anordnung; einstweilige Verfügung über Getrenntleben, Unterhaltspflicht und Sorge für die Kinder während des Scheidungsprozesses
intẹritus rẹi	(Unmöglichkeit der Leistung wegen) Untergangs der Sache
interlocụtio	Zwischenurteil, Zwischenbescheid

intermẹdium Zwischenzeit; Zeitraum zwischen zwei Terminen

in tẹrmino zum festgesetzten Zeitpunkt

intẹrna cọrporis Geschäftsbetrieb in den Volksvertretungen (er unterliegt nicht dem richterlichen Prüfungsrecht über die Verfassungsmäßigkeit einer anzuwendenden Rechtsnorm)

internationạlis zwischenstaatlich

internụntius Diplomat, dann Gesandter zweiten Ranges, heute päpstlicher Nuntius niederen Ranges

interpellạtio Unterbrechung, Einspruch, Anfrage, Mahnung; Anfrage eines Abgeordneten an die Regierung um Auskunft in einer bestimmten Angelegenheit

interpretạtio Auslegung

interrẹgnum Zwischenherrschaft, Zwischenreich

intẹrrex Zwischenkönig (Rom)

interrogạtio Verhör

interrogatọria Fragestücke, die auf Antrag des Beweisführers dem Zeugen vorzulegen sind

interrụptio Unterbrechung (z. B. der Verjährung)

interstịtium Zwischenraum zwischen zwei Rechtsakten; rechtserhebliche Zeitspanne, Frist

intertiạtio rechtsförmliches Anfassen einer abhanden gekommenen und wiedergefundenen Sache unter Behauptung des Eigentumsrechts daran (fränkisches Recht)

interusụrium Zwischenzins, Skonto, Rabatt (Vorteil, den ein Gläubiger hat, wenn eine unverzinsliche Schuld vor Fälligkeit gezahlt wird, oder den der Schuldner hat, wenn er bei Zahlung vor dem Verfallstag den Schuldbetrag mit Zustimmung des Gläubigers um die Zinsen mindern darf)

intervẹntio Intervention; Vermittlung; Einmischung eines Staates in die Angelegenheiten eines anderen durch Vorstellungen, Drohungen oder mit Waffengewalt (Völkerrecht)

intervẹntio accessọria Nebenintervention, Beitritt eines Dritten zu einer Prozeßpartei

inthronizạtio feierliche Einsetzung in ein Amt durch symbolischen Akt

intimạtio amtliche Zustellung; Verkündung des Todesurteils

intitulạtio Betitelung, Setzung eines (Buch-)Titels

ịntra mụros innerhalb der Mauern; nichtöffentlich

in trịplo dreifach

ịntus inwendig, innen

in ụsum delphịni → ad usum delphini

invạsio Einfall in das Territorium eines anderen Staates mit bewaffneter Macht

invẹcta et illạta Eingeführtes und Eingebrachtes (an Sachen des Mieters oder des Pächters in die gemieteten oder gepachteten Räume)

inventạrium	Verzeichnis von Gegenständen bei einer Bestandsaufnahme
investitụra	Einkleidung; Verleihung eines Amtes oder des Eigentumsrechts an einem Grundstück
investitụra per ạnulum et bạculum	Einkleidung mit Ring und Stab (in dieser Form wurden die geistlichen Fürsten in die dem geistlichen Amt folgenden kirchlichen Befugnisse eingewiesen; früher Belehnungsform für die geistlichen Fürsten durch den König)
inveterạtio	Verjährung
invịta Minẹrva	wider Willen der Minerva (ohne Befähigung)
Invịti non legitimạntur	Gegen seinen Willen darf niemand legitimiert (für ehelich erklärt) werden
IPM	→ Instrumentum Pacis Monasteriensis
IPO	→ Instrumentum Pacis Osnabrugensis
Ịpse dịxit	Er hat es selber gesagt (nämlich Pythagoras – nach Cicero schlechte Redewendung der Pythagoräer)
Ịpse fẹcit	Er hat es selber gemacht
ipsịssima vẹrba	seine (ihre) ureigensten Worte
ịpso fạcto	durch die Tat selbst
ịpso iụre	von Rechts wegen, durch das Recht selbst, dem Gesetz entsprechend
Ịpso iụre compensạtur	Es wird (nach Abgabe der Aufrechnungserklärung) von Rechts wegen aufgerechnet D. 16.2.10 pr.; 16.2.21; C. 4.31.4

Imperạtor Rex (IR)	Kaiser und König
irreparạbile tẹmpus	unwiederbringliche Zeit
Ịta ius ẹsto	So soll es rechtens sein
ịtem	ebenso, ferner
ịter	Notweg(recht)
ịtio in pạrtes	Auseinandertreten der verschiedenen Parteien oder Kollegien bei der Abstimmung (→ ius eundi in partes)
iụdex	Richter
iụdex ad quem (appellạtur)	Richter, an den (zur Neuentscheidung appelliert wird)
iụdex a quo	Richter, von welchem (die erstinstanzliche Entscheidung stammt)
iụdex civitạtis	Stadtrichter
iụdex cụriae	Hofrichter
iụdex inhạbilis	(für den Einzelfall) untauglicher Richter, kraft Gesetzes wegen eigener Sache oder Sachen naher Verwandter u. ä. in der Ausübung seines Amtes ausgeschlossener Richter (relative Unfähigkeit)
iụdex in prọpria causa	Richter in eigener Sache
Iụdex iụdicet secụndum allegạta et probạta pạrtium	Der Richter urteilt (nur) über das von den Parteien Vorgebrachte und Bewiesene (Verhandlungsmaxime)
iụdex lọci	(zuständiger) Richter des Ortes

Iụdex ne ẹat ụltra petịta pạrtium	→ Ne eat ...
Iụdex non cạlculat	Der Richter rechnet nicht (Rechnungen machen die Parteien auf)
iụdex pedạneus	Bagatellrichter
iụdex suspẹctus	ein der Parteinahme verdächtiger Richter
iudicạtio	Aburteilung
iudicạtum	Judikat, Urteil
iudicatụra	Judikatur, Rechtsprechung
Iụdicis est iụs dịcere, non dạre	Des Richters Aufgabe ist es, Recht zu sprechen, nicht zu schaffen
iudịcium	Urteil; Rechtspflege; Gerichtshof; Verstand
iudịcium ạltum	brandenburgisches Landgericht mit voller Zivilgerichtsbarkeit
iudịcium aulicum (imperiạle)	Reichshofrat
iudịcium bạssum	Dorfgericht
iudịcium cạmerae	ursprüngliche Bezeichnung für das Reichskammergericht
iudịcium capitạle	hohe Gerichtsbarkeit
iụdịcium civitạtis	Stadtgericht
iudịcium comitiạle	Landgericht
iudịcium Dẹi	Gottesurteil

iudịcium dụplex	zweifaches Urteil (in gewisser Hinsicht möglich bei Grenzscheidungsklagen)
Iudịcium ius fạcit ịnter pạrtes	Das Urteil schafft zwischen den Parteien Recht
iudịcium lịberum	Feme, Freigericht, heimliches Gericht
iudịcium marịtimum	Seegericht
iudịcium pạrium	mit Standesgenossen (des Beklagten) besetztes Gericht, speziell das Fürstengericht
iudịcium provinciạle	Landgericht
iudịcium vịllae	Dorfgericht
iụnctim	verbunden (ein Junktim zwischen zwei politischen Forderungen liegt vor, wenn beide als untrennbar, als verbunden angesehen werden sollen)
iuniorạtus	Juniorat; Vorrecht des Jüngstgeborenen (Erbfolgeordnung, nach der ohne Rücksicht auf den Verwandtschaftsgrad zum letzten Besitzer das jüngste männliche Mitglied der Familie das Stammgut erbt; Gegensatz → senioratus)
iụra	Rechte (Plural von → ius); die Rechtswissenschaft
iụra caesạrea reservạta	kaiserliche Reservatrechte, die der Kaiser entweder allein (i.c.r. illiminata) oder zusammen mit den Kurfürsten (i.c.r. liminata) ausübte
iụra domẹstica	einheimische Rechte, Landesgewohnheiten
iụra in re aliẹna	(begrenzte) Rechte an fremden Sachen
iuramẹntum	Eid

iuramẹntum calụmniae	Gefährdeeid
iuramẹntum diligẹntiae	Diligenzeid (Versicherung des Klägers in Scheidungsprozessen wegen böswilligen Verlassens oder bei Verschollenheitserklärung, daß nach dem Verbleib der Person mit Sorgfalt geforscht wurde)
iuramẹntum in lịtem	Schätzungseid
iuramẹntum integritạtis	Redlichkeitseid (beim Antrag auf Befreiung vom Aufgebot im Rahmen der Eheschließung)
iuramẹntum manifestatiọnis	Offenbarungseid
iuramẹntum necessạrium	der notwendige Eid, der einer Partei vom Richter auferlegt wird
iuramẹntum oboedięntiae	Gehorsamseid gegenüber den Kirchenoberen
iuramẹntum purgatọrium	Reinigungseid
iuramẹntum suppletọrium	Erfüllungseid
Iụra nọscit (nọvit) cụria	Das Gericht kennt die Rechte (es bedarf keines Nachweises der Rechtssatzungen durch die Parteien) C. 44 X de appell. 2.28
Iụra ọssibus inhaerent	Die Rechte hängen den Knochen an (dem Ausländer wird in Teilen des Zivilrechts sein heimisches Recht zugestanden)
iụra personalịssima	höchstpersönliche Rechte (wie Nießbrauch, Altenteil – sind nicht vererblich) → Actio personalis …
Iụra Prutenọrum	Landrecht der Preußen im Ordensland (14. Jh.), in deutscher Sprache verfaßt

iurạre in vẹrba magịstri	auf die Worte des Meisters schwören (Horaz)
iụra singulạria	verfassungsmäßig zugewiesene Befugnisse der einzelnen Bundesstaaten; Sonderrecht, das in einem Ausnahmefall das Regelrecht durchbricht
iụra singulọrum	Rechte der Bundesstaaten als autonome Staaten, die der Zuständigkeit des Reichs und den Beschlüssen des Reichstages entzogen waren; Individualrechte wie Mitgliedsrechte
iurạtio	Beeidigung
iurạtus	Geschworener
iureconsụltus, iurisconsụltus (ICtus)	Rechtsgelehrter
iụre gestiọnis	kraft Rechtes der Geschäftsführung
iụre impẹrii	kraft Hoheitsrechtes
Iụre natụrae aequum est nẹminem cum alterịus detrimẹnto et iniụria fịeri locupletiọrem	Nach Naturrecht ist es billig, daß niemand durch Schaden eines anderen und durch Unrecht reicher werde – D. 50.17.206
iurịdicus	Schöffe
iurisdịctio	Gerichtsbarkeit; hoheitliche Gewalt (Kirchenrecht)
iurisdịctio administratịva	Verwaltung
iurisdịctio ạlta	hohe Gerichtsbarkeit
iurisdịctio bạssa	niedere Gerichtsbarkeit

iurisdịctio colonạria	Bauernzwang (Recht des Grundherrn, die Leibeigenen zu strafen, zu züchtigen)
iurisdịctio contentiọsa, i. iudiciạlis	streitige Gerichtsbarkeit
iurisdịctio in fọro extẹrno	Gerichtsbarkeit der Kirche bei Verstößen im inneren Rechtsbereich
iurisdịctio in fọro intẹrno	Gerichtsbarkeit der Kirche bei Verstoß gegen Gewissensnormen
iurisdịctio non contentiọsa	freiwillige, nichtstreitige Gerichtsbarkeit
iurisdịctio voluntạria	freiwillige Gerichtsbarkeit
Iụris ignorạntia cuịque nọcet, fạcti vẹro ignorạntia non nọcet	Unkenntnis des Gesetzes schadet jedem, Unkenntnis von Tatsachen aber nicht – D. 22.6.9 pr.
iurisprudẹntia	Jurisprudenz, Rechtswissenschaft
iurisprudẹntia cạvens, i. cautelạris, i. heuremạtica	Kautelarjurisprudenz (Rechtswissenschaft, die sich mit Vorsichtsmaßregeln beim Abschluß von Rechtsgeschäften befaßt)
iurisprudẹntia herọum	Privatfürstenrecht (das Familien- und Erbrecht der landesherrlichen und ehemals reichsständischen Geschlechter in Deutschland)
iụris quạsi possẹssio	Rechtsbesitz
iurịsta	Jurist, Rechtswissenschaftler
iụris vịnculum	Rechtsband → obligatio
ius	das Recht insgesamt, auch einzelne Rechte

ius abdicatiọnis Recht der Ablehnung (Mantel- und Schlüsselrecht → abdicatio)

ius abstinẹndi Befugnis des Hauskindes, die väterliche Erbschaft auszuschlagen (es entspricht dem modernen Ausschlagungsrecht – römisches Recht)

ius accrescẹndi Anwachsungsrecht (gesetzliche Bestimmungen, nach denen der Vermögensanteil einer Person einer anderen zufallen soll, z. B. im Erbrecht das Anwachsungsrecht der Miterben und der Vermächtnisnehmer)

ius acquisịtum → ius quaesitum

ius actọrum conficiendọrum das Recht, (öffentliche) Urkunden zu errichten

ius ạctus das Recht, Vieh über das Nachbargrundstück zu treiben; Triftgerechtigkeit als eine der Feldservituten

ius ad bẹllum Recht zur Kriegführung

ius adcapitulạndi Recht der Kurfürsten gegenüber dem zukünftigen König auf Abschluß der Wahlkapitulation

ius ad rem Recht zur Sache (eine mit dinglicher Wirkung ausgestattete Obligation)

ius advocạtiae ecclesiạsticae Schutzrecht des Staates gegenüber der Kirche (seit der Trennung von Staat und Kirche im Jahre 1918 weggefallen) → ius circa sacra

ius Aeliạnum Sammlung von Prozeßformeln des Sextus Aelius Paetus Catus um 200 v. u. Z.

ius aequum	billiges, Treu und Glauben berücksichtigendes Recht
ius albinạgii	Fremdlingsrecht, Abfall, Heimfallsrecht (Anspruch des Landesherren auf die Hinterlassenschaft eines Fremden oder auf eine besondere Erbschaftssteuer)
ius alluviọnis	Anwachsungsrecht (Recht des Grundstückseigentümers, das durch Meer oder Fluß angespülte Land seinem Grundstück einzuverleiben) → alluvio
ius appellatiọnis	Appellationsrecht; speziell auch Recht der Staatsangehörigen, gegen Urteile der kirchlichen Gewalt an die staatliche zu appellieren
ius ạquae	Seerecht, Wasserrecht
ius armọrum, i. armạndiae, i. armatụrae	Recht, Heere zu unterhalten (Wehrhoheit als Folge der Souveränität und früher auch des → ius territorii et superioritatis); Waffenrecht
ius avocạndi	Abberufungsrecht
ius bẹlli ac pạcis	Recht des Krieges und des Friedens (später Titel des berühmten Werkes von Hugo Grotius – 1625)
ius braxạndi	Braugerechtigkeit, Braurecht
ius canọnicum	kanonisches Recht (im weiteren Sinne alles von der Kirche erzeugte Recht, im engeren die Gesamtheit der im Mittelalter entstandenen Kirchengesetze)
ius capitạle	Sterbfall (Abgabe, die beim Tod eines Abhängigen an den Grundherrn zu leisten war)

ius cavẹndi	Recht des Staates zu Präventivmaßnahmen, um Schädigungen staatlicher Interessen zu verhindern
ius cịrca sạcra	staatliche Kirchenhoheit → ius advocatiae ecclesiasticae
ius civịle	Zivilrecht
ius civitạtis	Bürgerrecht; Stadtrecht
ius cloạcae	Gossenrecht (Recht, eine Gosse für die Abwässer zu besitzen)
ius coercẹndi	Dienstzwang gegen widersetzliche Fröner
ius cọgens	zwingendes Recht (von dem keinesfalls abgewichen werden darf, auch nicht durch Vereinbarungen)
ius collectạndi	unbeschränktes Besteuerungsrecht des Landesherrn; Recht, Kollekten auszuschreiben
ius collẹgii	Selbstversammlungsrecht der Landstände gegenüber dem Landesherrn, wenn ihre Privilegien verletzt werden
ius commụne	gemeines Recht (hervorgegangen aus der wissenschaftlichen Bearbeitung römischer und kanonischer Rechtsquellen und deren Anpassung an die deutschen Verhältnisse); allgemeines, für jeden geltendes Recht (Gegensatz → ius proprium)
ius compascẹndi	gemeinsame Weideberechtigung von Eigentümern und Berechtigten der Grunddienstbarkeit
ius compạscui	Weideberechtigung mehrerer auf dem Grundstück eines Dritten

ius compascula-tiọnis	Recht der Gemeindemitglieder, ihr Vieh auf dem Gemeindeland weiden zu lassen
ius compascula-tiọnis reciprọcum	Vereinigung mehrerer Grundstücke zu einem Gemeindebezirk mit gemeinschaftlicher Berechtigung aller Grundstückseigentümer
ius complanạndi	Komplanationsrecht (Recht des Landesherrn, bei auseinandergehenden Voten der Landstände durch seinen Beitritt zu einer Meinung dieser Gesetzeskraft zu verleihen)
ius concụrsus	Vorgreifsrecht (Recht des Königs, beim Versagen der niederen Gerichtsbarkeit den Fall vor das königliche Gericht zu ziehen)
ius condụctus	Geleitsrecht (die Befugnis, fremden Reisenden gegen Bezahlung Schutz zu gewähren)
ius cọngrui	Gespilderecht (das Recht des Miteigentümers oder Mitbesitzers eines geteilten, früher aber einheitlichen Grundstücks, die ohne seine Kenntnis veräußerten Teile binnen einer bestimmten Frist und gegen Erstattung des Kaufpreises sowie aufgelaufener Kosten an den Minderberechtigten an sich zu ziehen – Näherrecht)
ius conụbii	Recht, mit einem Angehörigen eines anderen Standes oder später eines anderen Staates eine Ehe einzugehen (römisches Recht)
ius cọrrectiọnis	Züchtigungsrecht (früher strafrechtlicher Rechtfertigungsgrund)
ius cọxae loquạndae, i. c. locạndae	Recht des Herrn, bei der Heirat eines Abhängigen das Bein ins Bett der Neuvermählten zu legen

ius cọxae luxạndae	Recht, die Hüften (der Frau) aus ihrer Lage zu bringen (entsprechend → ius coxae loquandae)
ius creditiọnis	Recht der Adligen in Frankreich, Gegenstände des täglichen Bedarfs zu requirieren und erst nach einer Frist zu bezahlen
ius cruentatiọnis	Bahrrecht (auch → ius feretri), Bahrgericht, Blutprobe (mittelalterliches Gottesurteil → ordalium)
ius cụriae	Hofrecht
ius denominạndi	Vorschlagsrecht bei Ämterbesetzungen
ius de non appellạndo	Recht der letzten Instanz → privilegium de non appellando
ius detrạctus	Abzugsrecht (das Recht des Landesherren, einen Teil des aus dem Lande fließenden Vermögens durch Abschoß bei Erbschaften und durch Abzugsgeld bei Auswandernden einzubehalten)
iụs dispositịvum	nachgiebiges Recht (Abänderung durch die Parteien möglich);
ius divịnum	göttliches Recht (das in der Offenbarung des Alten und des Neuen Testaments enthaltene Recht; aber auch das → ius naturale wird als Bestandteil des ius divinum angesehen)
ius doctorạndi	Befugnis zur Erteilung akademischer Grade als Reservatrecht des Kaisers (jetzt Teil des Staatsrechts)
ius ecclesiạsticum	Kirchenrecht (Gesamtheit der Normen, welche die Verfassung und Verwaltung der Kirche sowie das Verhältnis der Kirche zu ihren Mitgliedern bestimmen)

ius ẹminens	ungewöhnliches Recht; Recht des Staates, in Notfällen Eingriffe in Zivilrechte der Bürger vornehmen zu können, Staatsnotrecht
ius empọrii	Stapelrecht (Recht einer Stadt, den durchreisenden Kaufmann zum Niederlegen und Anbieten einer Ware zu zwingen)
ius episcopạle	bischöfliche Jurisdiktionsgewalt; das landesherrliche Kirchenregiment in den evangelischen Ländern
Ius est ars bọni et aequi	Das Recht (die Rechtsanwendung) ist die Kunst des Guten und Gerechten D. 1.1.1 pr.
ius eụndi in pạrtes	Recht der Reichsstände, in Religionsangelegenheiten auseinanderzutreten und als zwei getrennte konfessionelle Körperschaften abzustimmen (festgelegt im → Instrumentum Pacis ..., – wurde später sehr weit ausgelegt)
ius evocạndi	aus der Gerichtshoheit abgeleitetes Recht des Königs, jede Rechtssache an sich zu ziehen
ius exclusịvae	Sonderrecht Österreichs, Spaniens und Frankreichs, bei der Papstwahl vor Schluß des Wahlaktes einen ihnen nicht genehmen Kardinal als wahlunfähig zu bezeichnen
ius exuviạrum	→ ius spolii
ius faldạgii	Pferchrecht, Hürdenschlagsrecht (Befugnis, das Lagern einer fremden Schafherde auf dem eigenen Grundstück zwecks Düngergewinnung zu verlangen)
ius fẹretri	Bahrrecht → ius cruentationis

ius fẹriae nundinạrum	Recht, von den Messekaufleuten bei der Ankunft eine Abgabe einzufordern
ius fetiạle	Überblick über die ersten völkerrechtlichen Anschauungen der Römer, benannt nach dem Priesterkollegium der Fetiales; später Kriegs- und Friedensrecht → ius belli ac pacis
ius foederis	Bündnisrecht
ius forạle, i. forẹnse, i. fọri	Marktrecht
ius franchịsiae, i. franchitiạrum	Recht des Gesandten auf Unverletzlichkeit seiner Wohnung
ius generạle	allgemeingeltendes Recht (Rechtsvorschrift, die allgemeine Folgen an einen typischen, gattungsmäßig festgelegten Tatbestand knüpft; Gegensatz → ius speciale)
ius gẹntium	Recht der Völker (jetzt eine der Bezeichnungen für Völkerrecht, früher von den Römern entwickeltes Zivilrecht für Rechtsverhältnisse zwischen Römern und Nichtrömern oder zwischen Nichtrömern untereinander)
ius gịstii	Recht auf Beherbergung (Frankreich)
ius glạdii	Recht über Leben und Tod, hohe Gerichtsbarkeit
ius glandeniạrium	Mastgerechtigkeit (das Recht, Schweine zur Eichelfütterung in einen fremden Wald zu treiben)
ius grụtiae	Recht auf Wildflößerei (Flößerei mit nichtverbundenen Stämmen)

ius honorạrium	von den römischen Gerichtsmagistraten geschaffenes Recht (auch → ius praetorium)
ius honọrum	in Rom das Recht, die Ämterlaufbahn einzuschlagen
ius hospitạndi	Recht auf Beherbergung
ius humạnum	das menschliche Recht (im Gegensatz zum → ius divinum)
ius imạginum	Recht zur Führung von Wappen; bei den Römern das Recht der Nobilität, Wachsmasken Verstorbener im Atrium aufzuhängen und im Leichenzug mitzuführen
ius impẹrii	Reichsrecht
ius in ạgro vectigạli	Erbpacht an Gemeindeländereien
ius in persọnam	Forderungsrecht
ius inquisitiọnis	in fiskalischen Prozessen der fränkischen Zeit das Recht bestimmter Gerichte, von sich aus die Untersuchung zu führen, zu inquirieren
ius in re	dingliches Recht
ius in sạcra	Kirchengewalt
ius inspectiọnis et cavẹndi	Staatsaufsichtsrecht über die Kirchen
ius ịnter gẹntes	zwischenstaatliches oder Völkerrecht
ius intrạdae	Eintrittsrecht (Recht des feierlichen Einzugs von fürstlichen Personen beim erstmaligen Betreten von Städten)
iusiurạndum	Eid

iusiurạndum manifestatiọnis	Offenbarungseid
iusiurạndum necessạrium	richterlicher Eid, Noteid
iusiurạndum voluntạrium	Parteieid
ius lagạnum	Grundruhrrecht (altes Aneignungsrecht ufertriftiger Sachen)
ius lignạndi	Holzungsgerechtigkeit (Befugnis, Bau- und Brennholz einem fremden Wald zu entnehmen; nicht selten beschränkt auf Sammelholz und Windbruch)
ius lịtorum	Strandrecht im weiteren Sinne
ius manuạrium	Faustrecht
ius naturạle	Naturrecht
ius naufrạgii	Strandrecht im engeren Sinne (Grundruhrrecht, aufgrund dessen vor dem 13. Jh. Schiffbrüchige mit Leib und Vermögen dem König verfielen – es wurde in den folgenden Jahrhunderten erheblich gemildert)
ius non scrịptum	ungeschriebenes Recht, Gewohnheitsrecht
ius obstạgii	Einlagerecht (der Schuldner begibt sich auf eigene Kosten bis zur Bezahlung der Schuld in Geiselhaft – hielt sich trotz Verbots in der Reichspolizeiordnung von 1577)
ius offerẹndi et succedẹndi	Ablösungsrecht (Recht des nachstehenden Pfandgläubigers, durch Befriedigung des vor ihm stehenden in dessen Stellung einzurükken)

ius optiọnis	Optionsrecht; Wahlrecht
ius orịginis	Recht der Herkunft
ius pascẹndi	Weiderecht
ius perpẹtuum	Großerbpacht
ius poenitẹndi	ein früher mögliches Rücktrittsrecht, weil der Vertrag gereut
Ius postẹrius dẹrogat priọri	Späteres Recht hebt früheres auf
ius postlimịnii	Recht der Kriegsgefangenen, nach Rückkehr in die alten Rechte wieder einzutreten (die ihnen nach römischem Recht verlorengegangen waren)
ius postulạndi	Fähigkeit, vor Gericht persönlich aufzutreten und Anträge zu stellen
ius potạndi	Zechrecht
ius praedae	Prisenrecht (Recht, Privatschiffe aufzubringen und wegzunehmen, wenn sie die Neutralität verletzt haben)
ius praesentạndi, i. praesentatiọnis	Vorschlagsrecht bei der Besetzung von Ämtern
ius praetọrium	→ ius honorarium
ius praeventiọnis	→ ius concursus
ius prensiọnis	Straf- und Zwangsgewalt gegen eine Person
ius prịmae nọctis	Recht der ersten Nacht (angeblich Privileg der Grundherren auf Beiwohnung der Grundhörigen in der ersten Nacht, das der

	Bräutigam durch eine Abgabe für sich erkaufen konnte)
ius primariąrum pręcum	Recht der ersten Bitte (Recht des Landesherrn, die erste nach der Thronbesteigung erledigte Pfründe mit einem Kandidaten seiner Wahl zu besetzen)
ius prịmi lịciti	Recht des Erstgebots bei der Versteigerung
ius privatiọnis	Entsetzungsrecht des Erbverpächters bei Nichtzahlung des Zinses durch den Erbpächter
ius privątum	Privatrecht, Zivilrecht
ius propinąndi, propinatiọnis	Weinausschankrecht
ius protimęseos, protimịseos	Vorkaufsrecht
ius pụblicum	öffentliches Recht, Staatsrecht
Ius pụblicum privatọrum pąctis mutąri non pọtest	Öffentliches Recht (Staatsrecht) kann durch Verträge Privater nicht geändert werden
ius quaesịtum	wohlerworbenes Recht
ius quarteriọrum	früher mißbräuchliche Ausdehnung der Unverletzlichkeit der Gesandtenwohnung auf das gesamte Stadtviertel
ius quąsi possessiọnis	Rechtsbesitz
ius Quirịtum	Recht der Quiriten, der römischen Vollbürger
ius rątium	Recht der Flößerei mit verbundenen Stämmen

ius recadẹntiae	Fallrecht (Rückgabe der Erbgüter an die Herkunftsseite → Paterna paternis ...)
ius receptiọnis	Recht der Aufnahme und Zulassung von Religionsgesellschaften als Folge der Kirchenhoheit → ius circa sacra
ius reformạndi	Reformationsrecht (das durch den Augsburger Religionsfrieden von 1555 den Landesherren eingeräumte Recht, in ihren Gebieten eine Konfession als die bevorrechtigte zu bestimmen; Andersgläubige durften auswandern)
ius regạlium	königliches Recht, Regalien, nutzbares Hoheitsrecht
ius resistẹndi	Widerstandsrecht
ius respondẹndi	von den römischen Kaisern an hervorragende Juristen verliehenes Recht, Rechtsgutachten mit verbindlicher Wirkung für die Gerichte abzugeben (dieses Recht ging später auf die Spruchkollegien der Juristenfakultäten über)
ius retorsiọnis	Recht der Vergeltung
ius revolutiọnis	→ ius recadentiae
ius Romạnum	römisches Recht
ius sạcrum	göttliches Recht (bei den Römern)
ius sạnguinis	Recht des Blutes (Abstammungsprinzip als Ausgangspunkt für die Staatsangehörigkeit)
ius scrịptum	geschriebenes Recht
ius sequẹla	Landfolge- und Landwehrpflicht

ius singulạre	regelwidriges Recht; Privileg
ius sọli	Recht des Bodens, des Geburtsortes (Territorialprinzip als Ausgangspunkt für die Staatsangehörigkeit)
iụssor	geistiger Urheber
ius speciạle	Norm, die für eine einzelne Person oder Sache oder für ein einzelnes Verhältnis eine spezielle Regelung festsetzt (Gegensatz → ius generale)
ius spọlii	Spolienrecht (von den deutschen Königen bis 1220 ausgeübtes Recht, den Mobiliarnachlaß geistlicher Fürsten einzuziehen; später von den Landes- und Grundherren, von Papst und Bischöfen übernommen, um den Nachlaß katholischer Geistlicher in Anspruch zu nehmen)
ius stọlae	Recht der Geistlichen auf Stolgebühren (werden an Geistliche für die Vornahme kirchlicher Handlungen entrichtet, bei denen die Stola getragen wird, z. B. bei der Taufe)
ius strẹpae	Steigbügelrecht des Papstes gegenüber dem Kaiser
ius strịctum	strenges, an den Buchstaben des Gesetzes gebundenes Recht
ius suffrạgii et honọrum	aktives und passives Wahlrecht
iụssus	Befehl (auch als Art der Anstiftung), Ermächtigung, Geheiß
iụsta causa	rechtmäßig

ius taliọnis	Recht der Wiedervergeltung durch Gleiches (mittelalterliches Strafprinzip)
iụsta possẹssio	rechtmäßiger Besitz
ius territọrii et superioritạtis	Landeshoheit
iustificạtio	Rechtfertigung (im Arrestprozeß)
iustịtia	Göttin der Gerechtigkeit; Rechtspflege; Gericht
iustịtia denegạta	Rechtsverweigerung
Iustịtia nẹmine negạnda	Gerechtigkeit darf niemandem verweigert werden
iustịtia protrạcta	Verzögerung des Rechtsweges
Iustịtia regnọrum fundamẹntum	Die Gerechtigkeit ist die Grundlage der Staaten
iustitiạrius	vorsitzender Richter; Hofrichter; Richter im Patrimonialgericht; Gerichtsverwalter; in Verwaltung und Wirtschaft eingesetzter Jurist
Iustịtia sụum cuịque trịbuit	Die Gerechtigkeit teilt jedem das Seine zu (Cicero), Kurzform → suum cuique, umfassender D. 1.1.10 pr.
iustịtium, iụris stịtium	Stillstand der Rechtspflege (infolge von Krieg, Revolution oder Naturereignissen)
ius tollẹndi	Wegnahmerecht (Befugnis des Mieters, Entleihers, Pächters, Nießbrauchers, Pfandgläubigers, Vorerben, die von ihnen veranlaßten Einrichtungen an der Miet- usw. -sache wieder wegzunehmen)

iụsto tẹmpore	zur rechen Zeit
ius trạnsitus	Durchzugsrecht (zu einer Enklave)
ius utrụmque	beider Recht (das wissenschaftlich bearbeitete römische und kanonische Recht, verflochten und weiterentwickelt durch die Rechtslehre zum gemeinen Recht)
ius visitatiọnis	Durchsuchungsrecht (im Frieden Recht von Staatsschiffen, Privatschiffe fremder Flagge anzuhalten und zu durchsuchen, wenn Verdacht der Seeräuberei oder des Drogenhandels besteht)
ius vịtae ac nẹcis	Recht über Leben und Tod (nex = Mord, Tod)
ius vocạndi, i. vocatiọnis	Berufungsrecht, Appellationsrecht

L

laesio Verletzung; rechtlicher Nachteil

laesio enọrmis übermäßige Benachteiligung (beim Kauf Grund für den einseitigen Rücktritt – gemeines Recht)

lạpsus Fall, Sturz; Versehen, Irrtum

lạpsus cạlami Schreibfehler

lạpsus lịnguae Sprechfehler (das Sichversprechen); Fehltritt der Zunge (unbedacht ausgesprochenes Wort)

laterạlis seitlich (Lateralerben sind Erben in der Seitenlinie)

latifụndium außerordentlich großer Grundbesitz

lạtio in Rom Ankündigung eines Gesetzes

lạtro Bandit, Räuber

latrocịnium Raubmord, Straßenraub

lạtro famọsus gewohnheitsmäßiger Räuber

lạtro pụblicus et famọsus rückfälliger Räuber

laudạtio auctọris Benennung des Urhebers (bei Besitzklagen die Nennung des mittelbaren Besitzers durch den unmittelbaren Besitzer bei gleichzeitiger Streitverkündung → auctoris nominatio)

laudẹmium Abgabe der Abhängigen (Lehnsmann, Zinsmann) an den Lehns- bzw. Grundherrn zur Erneuerung des Rechtsverhältnisses und bei Besitzwechsel

laudum Schiedsspruch, geläufiger → arbitrium

laus Lob; → magna cum laude → summa cum laude

l. c. → loco citato

lẹctio Lesung, Lesart (einer Textstelle)

legạlis gesetzmäßig, rechtmäßig

legalisạtio Legalisation (Beglaubigung der Echtheit von Unterschriften, Zeugnissen oder Abschriften)

legạtum Legat, Vermächtnis

legạtum alimentọrum Unterhaltsvermächtnis

legạtum ạnnuum Rentenvermächtnis

legạtum dẹbiti Schuldvermächtnis

legạtum dọtis Vermächtnis einer Brautgabe

legạtum liberatiọnis Schuldbefreiungsvermächtnis

legạtum nọminis Forderungsvermächtnis

legạtus Gesandter; in der katholischen Kirche Bevollmächtigter und Gesandter der Kurie

Legạtus a lạtere Gesandter im Kardinalsrang (→ internuntius → nuntius)

lẹge ạrtis	nach den Regeln der Kunst(fertigkeit)
lẹge et fịde	durch Gesetz und Treue
Lẹgem brẹve ẹsse opọrtet	Ein Gesetz soll kurz sein → Legis breves ...
lẹges	Gesetze (Plural von → lex)
lẹges barbarọrum	in Latein abgefaßte Stammesrechte germanischer Völker, germanische Volksrechte
Lẹges brẹves sụnto, ut facịlius teneạntur	Gesetze müssen kurz sein, damit sie leichter eingehalten werden können
lẹges Romạnae	Aufzeichnung des Rechts römischer Untertanen in den Germanenreichen auf ehemals römischem Territorium
lẹgifer	Gesetzessprecher
legisạctio	Verfahrensart im römischen Zivilprozeß
legislạtio	Gesetzgebung
legislạtor	Gesetzgeber; im Mittelalter allgemein für die Rechtskundigen, für Urteiler und Schöffen gebraucht
legịtima persọna stạndi in iudịcio	Prozeßfähigkeit
legịtima pọrtio	gesetzlicher Mindestteil, Pflichtteil
legitimạtio	Legitimation, Beglaubigung, Echtheitserklärung, Anerkennung; Ehelichkeitserklärung
legitimạtio ad causam ạctiva	Aktivlegitimation

legitimạtio ad causam pạssiva	Passivlegitimation
legitimạtio ad procẹssum	Prozeßlegitimation
legitimạtio per rescrịptum prịncipis	Ehelichkeitserklärung für ein uneheliches Kind durch staatlichen Akt
legitimạtio per subsẹquens matrimọnium	Ehelichkeitserklärung für ein uneheliches Kind durch nachfolgende Heirat der Eltern
Lẹgum Dọctor (LL. D.)	in England für Doktor der Rechte
lenocịnium	Kuppelei
lenocịnium vulgạre	gewerbsmäßige Unzucht
lethạlitas vụlneris	Tötlichkeit der Wunden
leudesạmio	Leistung des Untertaneneides in merowingischer Zeit
leudum	Wergeld, Manngeld, Totschlagbuße → emenda; in Südeuropa Abgabe
leuterạtio	Leuterung (Rechtsmittel des sächsischen Prozeßrechts)
lẹvis nọtae mạcula	Anrüchigkeit
lex	Gesetz, Verordnung, geschriebenes Recht
lex aetẹrna	unveränderliches, mit dem Menschen geborenes und in sein Gewissen eingeprägtes Naturrecht als Grundlage allen Rechts

Lex Alamannọrum
Volksrecht der Schwaben (8. Jh.), beruhend auf dem → Pactus Alamannorum

Lex Anastasiạna
eines der zahlreichen Antiwuchergesetze der Römer (506), das in das gemeine Recht übernommen wurde (der Forderungskäufer darf nur den Kaufpreis, nicht den Nennwert der Forderung geltend machen)

Lex Angliọrum et Werinọrum, hoc est Thuringọrum
Stammesrecht der Thüringer, 802 auf dem Reichstag zu Aachen verkündet

Lex Aquịlia
berühmtes römisches Gesetz (um 287 v. u. Z.) über Schadenersatz für die Tötung von Sklaven und Vieh; für sonstige Sachbeschädigungen und über die Klage gegen den ungetreuen Bevollmächtigten

Lex Baiuvariọrum
Volksrecht der Bayern (750)

Lex Burgundiọnum
Volksrecht der Burgunden, von König Gundobad erlassen, daher auch Lex Gundobada (506)

lex causae
das Recht der Hauptfrage (im Internationalen Privatrecht erstreckt sich das Recht, das die Hauptfragen zu entscheiden hat, auch auf die Nebenfragen)

lex commissọria
Verwirkungsklausel (Vertragsklausel, nach der ein Schuldner seine Rechte aus dem Vertrag verlieren soll, wenn er seine Verbindlichkeiten nicht rechtzeitig erfüllt)

lex dispositịva
dispositives Gesetz (wird nur angewendet, wenn die Vertragsparteien über diesen Gegenstand keine Vereinbarung getroffen haben)

lex divịna	göttliches Gesetz
lex domicịlii	am Wohnsitz geltendes Recht
Lex duọdecim tabulạrum	berühmtes Zwölftafelgesetz der Römer von 451 v. u. Z.
lex Falcịdia	mit diesem noch im gemeinen Recht geltenden Gesetz wurde einer Überlastung der Erbschaft durch Vermächtnisse entgegengewirkt, indem sie nötigenfalls so reduziert wurden, daß dem Erben ein Viertel der Erbschaft gesichert war → quarta Falcidia
lex ferẹnda	ein zu erlassendes Gesetz
lex fọri	das Recht des Gerichtsortes
Lex (Ẹwa) Francọrum Chamavọrum	Recht der am Niederrhein lebenden Franken (vermutlich im Zusammenhang mit dem Aachener Reichstag [802] aufgezeichnet)
Lex Frisiọnum	Volksrecht der Friesen (im Jahre 802 aufgezeichnet)
lex humạna	von Menschen geschaffenes Recht → ius humanum
lex ịmperfecta	die unvollkommene Rechtsnorm (die gewollte Rechtswirkung tritt auch bei Nichtbeachtung der Rechtsnormen ein)
Lex interpẹllat pro họmine	Das Gesetz mahnt anstelle des Menschen
lex lạta	erlassenes Gesetz
lex lọci ạctus	am Ort der vorgenommenen Rechtshandlung geltendes Recht

lex lọci celebratiọnis	am Eheschließungsort geltendes Recht
lex lọci contrạctus	am Vertragsabschlußort geltendes Recht
lex lọci delịcti commịssi	am Ort der Schadenszufügung geltendes Recht
lex lọci solutiọnis	am Erfüllungsort geltendes Recht
lex mịnus quam perfẹcta	die weniger als vollkommene Rechtsnorm (die gewollte Rechtswirkung tritt auch bei Nichtbeachtung der Rechtsnormen ein, aber die Nichtbeachtung zieht andere, insbesondere strafrechtliche Wirkungen nach sich)
lex monẹtae	im Währungsland geltendes Recht (die im Vertrag zugrunde gelegte Währung ist Anknüpfungspunkt für das anzuwendende Recht – IPR)
Lex nọva ad praetẹrita trạhi nẹquit	Ein neues Gesetz darf nicht auf Vergangenes bezogen werden (es darf keine rückwirkende Kraft haben) C. 1.14.7; C. 10.31.65
lex pạtriae	durch Staatsbürgerschaft bestimmtes Recht
lex perfẹcta	vollkommene Rechtsnorm (die gewollte Rechtswirkung tritt nur bei Beachtung der Rechtsnormen ein)
lex personạlis	durch die Person, ihre Staatsbürgerschaft oder ihren Wohnsitz bestimmtes Recht
Lex postẹrior dẹrogat priọri	Das spätere Gesetz geht dem früheren vor (ist das anzuwendende)
lex prohibitịva	Ge- oder Verbotsgesetz (Nichtbeachtung hat Nichtigkeit der Handlung zur Folge)

Lex prọspicit, non rẹspicit	Das Gesetz blickt voraus, nicht zurück
lex rẹi sịtae	am Lageort (einer Sache) geltendes Recht
lex Rhọdia de iạctu	seerechtliche Bestimmung der Insel Rhodos über die große Havarei, d. h. über Schäden und Unkosten, die Schiffe und Ladung während einer Seereise treffen oder zur Rettung von Schiff und Ladung bewußt herbeigeführt werden (über das römische Recht in die modernen Gesetzgebungen übernommen)
Lex Ribuạria	Stammesrecht der ribuarischen Franken (bis auf das 7. Jh. zurückgehend)
Lex Romạna Burgundiọnum	für die römische Bevölkerung im Burgundenreich geltendes, vor 506 zusammengestelltes Recht
Lex Romạna Raetica Curiẹnsis	in Churrätien im 8. Jh. verfaßtes Rechtsbuch
Lex Romạna Visigothọrum	→ Breviarium Alarici
Lex Sạlica	Volksrecht der salischen Franken (zwischen 507 und 511 aufgezeichnet)
Lex Sạlica emendạta	karolingische Überarbeitung der → Lex Salica aus dem Jahre 803 mit 70-Titeltext
Lex Sạxonum	Volksrecht der Sachsen (auf dem Aachener Reichstag 802 entstanden)
Lex speciạlis dẹrogat lẹgi generạli	Das spezielle Gesetz geht dem allgemein gehaltenen Gesetz vor (ist das anzuwendende)
Lex supẹrior dẹrogat lẹgi inferiọri	Das höhere Gesetz (z. B. Verfassung) geht den Rechtsnormen niederen Ranges vor

Lex Thuringọrum → Lex Angliorum et Werinorum, hoc est Thuringorum

Lex Visigothọrum im Westgotenreich seit Mitte des 7. Jh. für Westgoten und Römer geltendes Recht

lex voluntạtis von den Vertragspartnern gewähltes Recht zur Klärung von Rechtsstreitigkeiten

libẹlli famọsi anonyme Schmähschriften

libẹllus Libell, gerichtliche Klageschrift

libẹllus appellatọrius schriftliche Appellationserklärung beim Appellationsgericht

libẹllus conventiọnis Einreichung der Klageschrift bei Gericht

libẹllus repụdii Scheidebrief

lịber; lịberi Sohn; Kinder

lịber Schrift; Band, Buch; ursprünglich Papyrusrolle, welche etwa 1 500 und 2 500 Zeilen zu 35 Buchstaben umfaßte

lịberae impẹrii civitạtes freie Reichsstädte

liberạlitas Geschenk, freiwillige Zuwendung

liberạtio Liberation, Freilassung, Befreiung

Lịber Ẹxtra (X) Kurzform von Liber decretalium extra → Decretum (Gratiani) vagantium, Buch der Dekretalen, die außerhalb des Decretum (des Gratian) umherschweifen (zweiter, die Dekretalen Gregors IX. enthaltender Teil des → Corpus iuris canonici, 1234 publiziert)

lịber họmo	der Freie
lịberi naturạles	im Konkubinat (→ concubinatus) gezeugte Kinder
Lịber Papiẹnsis	Rechtsbuch zum Langobardischen Recht, aus dem Ende des 11. Jh. die → Lombarda hervorgegangen ist
lịber recognitiọnum, l. resignatiọnum, l. traditiọnum	Stadtbuch, in das die Auflassungen eingetragen wurden (auch Laßbuch genannt)
Lịber Sẹxtus	dritter Teil des → Corpus iuris canonici, d. h. die Sammlung der seit 1234 ergangenen Dekretalen und Konzilbeschlüsse, veranlaßt von Bonifaz VIII., 1298 den Universitäten übersandt und damit publiziert
libertịnus, libẹrtus	Freigelassener; Kinder Freigelassener werden vereinzelt auch als libertini bezeichnet
lịberum arbịtrium	freier Wille, Willensfreiheit
lịbitum	Belieben
lịbri feudọrum	langobardisches Lehnsrecht
lịbri terrịbiles	die schrecklichen Bücher (so wurden die letzten drei Bücher der Digesten [→ digesta] wegen ihres strafrechtlichen Inhalts genannt)
licẹntia	Erlaubnis; Lizentiat, der mit einer Erlaubnis Versehene; Erlaubnis, eine Erfindung zu nutzen (Lizenz)
licẹntia docẹndi	Erlaubnis, Vorlesungen an einer Hochschule zu halten
licẹntia poẹtica	dichterische Freiheit

licitạtio frụctus	Versteigerung; bei Besitzklagen die Übertragung der Innehabung und der Fruchtziehung an einem Grundstück während der Prozeßdauer durch das Gericht an eine Partei
lịcitum	Erlaubtes; das Gebot bei Versteigerungen
lictọres	Liktoren (Rom), Amtsdiener
lịnea infẹrior	Verwandtschaft absteigender Linie
lịnea rẹcta	Verwandtschaft in gerader Linie
lịnea supẹrior	Verwandtschaft aufsteigender Linie
lịnea transvẹrsa	Verwandtschaft in der Seitenlinie
lịquet	es ist klar, es leuchtet ein
liquidạtio	Liquidation; Kostenberechnung; Vermögensauseinandersetzung nach beendigtem Geschäft
lis	Rechtsstreit
lis pẹndens	Rechtshängigkeit
lịtem lịte resọlvere	einen Streit mit einem Streit schlichten, Strittiges mit nicht weniger Strittigem entscheiden wollen
litemọnium	Schutzgeld (Kopfzins) der Halbfreien an den Herrn
lịte pendẹnte	bei schwebendem Verfahren
Lịterae (epịstulae) non erubẹscunt	Briefe erröten nicht (man spricht nicht so dreist, wie man schreiben kann, und Papier ist geduldig – Cicero)

lịti, laeti, lẹti	Liten, Halbfreie
litigạtio	Gerichtsverfahren, Prozeß
lịtis consọrtes	→ consortes litis
lịtis contestạtio	Streitbefestigung, Einlassung
lịtis denuntiạtio	Streitverkündung
lịtis renuntiạtio	Klagerücknahme
lịtterae apostọlicae	Schreiben des Papstes
lịtterae clausae	geschlossene Briefe
lịtterae induciạles, l. quinquennạles	Anstands- oder eiserner Brief (eigentliches Moratorium, befristeter Zahlungsaufschub durch staatliches Privileg)
lịtterae patẹntes	offene Briefe → patenta
litterạrum obligạtio	Eintragung einer Schuld in ein Schuldbuch
LL. D.	→ Legum Doctor
lọca	Anteile am Schiff bei der Partenreederei
lọca credibịlia	in Ungarn staatlich anerkannte öffentliche Beglaubigungsstellen bis 1874
lọca mọntis	Anteile von Anleihen, Vorform der Aktien → montes
locatạrius	Pächter
locạtio	Vermietung, Verpachtung; Festsetzung der Reihenfolge (der Gläubiger)

locạtio condụctio gegenseitiger Vertrag über die Gewährung des zeitweiligen Gebrauchs einer Sache oder einer Arbeitskraft gegen Geld

locạtio condụctio operạrum Dienstvertrag

locạtio condụctio ọperis Werkvertrag

locạtio condụctio ọperis irregulạris irregulärer Werkvertrag (Besteller liefert Material, der Verarbeiter aber verwendet statt dessen anderes, gleichwertiges)

locạtio condụctio rẹi Miet- und Pachtvertrag

locạtor Vermieter, Verpächter; im Mittelalter Kolonisationsunternehmer (bei der Ostkolonisation)

lọci commụnes Gemeinplätze; aber auch die gemeine Mark im Sinne von Allmende u. ä.

lọco anstatt, anstelle, am Ort (daher Lokoware, d. h. eine vorhandene, greifbare, am Ort befindliche Ware)

lọco citạto (l. c.) am angeführten Ort

lọco sigịlli (L. S.) anstelle des Siegels

lọcus Ort, Stelle; Schlag (einer der Teile in der Dreifelderwirtschaft)

lọcus ad quem Ort, an dem (der Wechsel usw. zahlbar ist)

lọcus a quo Ort, an dem (der Aussteller eines Wechsels oder einer Anweisung wohnt)

lọcus mịnimae resistẹntiae	Ort oder Stelle des geringsten Widerstandes
Lọcus rẹgit ạctum	Der Ort regiert den Rechtsakt, der Ort ist für die Handlung entscheidend (für die rechtliche Gültigkeit einer Handlung genügt die Beachtung der am Handlungsort vorgeschriebenen Formen – IPR)
Lombạrda, lịber Lombạrdae	systematische Darstellung des Langobardischen Rechts (Ende des 11. Jh.)
lọnga mạnu tradịtio	Übergabe des Besitzes durch lange Hand (Zeigen des Grundstückes aus der Ferne und Erklärung der Übergabe)
lọngi tẹmporis possẹssio	Besitz von langer Zeit (Voraussetzung für die Ersitzung)
L. S.	→ loco sigilli
lụcida intervạlla	lichte Zwischenräume (Momente, in denen ein Geisteskranker das volle, klare Bewußtsein wiedererlangt)
lụcri causa	des Gewinnes wegen
lụcrum	Gewinn
lụcrum cẹssans	entgangener Gewinn
Lụcrum cẹssans est quạsi dạmnum	Ein entgangener Gewinn ist gleichsam ein Schaden
luctuọsa	Sterbfall (Abgabe beim Tod eines Abhängigen)
lụdus	Spiel (im zivilrechtlichen Sinne), Glücks- und Geschicklichkeitsspiel

lụstrum bei den Römern ein Zeitraum von fünf Jahren

luxụria Zügellosigkeit, Frevelmut; im Strafrecht bewußte Fahrlässigkeit (Kenntnis der gefährlichen Handlungsweise mit der Hoffnung auf Nichteintreten des schädigenden Ereignisses)

lytae vom Hören Befreite (die Studenten des 4. Jahres in der römischen Rechtsausbildung)

M

magịster	Meister, Lehrmeister; akademische Würde
magịster aulae	Hofmarschall
magịster cịvium	Bürgermeister
magịster cụriae	Hofmeister
magịster nạvis	Kapitän
magịster scholạrium	Vorsteher einer Kloster- oder Domschule (Scholast)
magistrạtus	römisches Staatsamt; später städtisches Amt
Mạgna Chạrta Libertạtum	Großer Freiheitsbrief vom 15. Juni 1215; Grundlage der englischen Verfassung
mạgna cum laude	mit großem Lob (Prädikat beim Promotionsverfahren)
magnịficus	Kurzform für Rector magnificus, den Rektor einer Universität oder Hochschule; Anrede: Magnifizenz
maiẹstas	Hoheit (Bezeichnung der höchsten Gewalt und Würde im Staat)
mạior aetas	Volljährigkeit
maiorạtus	Majorat, von maior = älter (Erbfolgeordnung, die durch den näheren Grad, bei gleichem durch die frühere Geburt bestimmt ist, um die Güter ungeteilt der Familie zu erhalten; Gegensatz → minoratus)

mạior dọmus	Hausmeier (erster Hof- und Staatsbeamter im fränkischen Reich)
maiorẹnnis	majorenn, volljährig
maiọri cẹdo	→ cedo maiori
maiọritas	Majorität, Stimmenmehrheit (bei Wahlen oder Abstimmungen); Überordnung der höheren Instanz über die niedere
mạlae fịdei possẹssor	unredlicher Besitzer
mạla fạma	schlechter Leumund
mạla fịde	arglistig, schlechtgläubig, wider besseres Wissen
mạla fịdes	Unredlichkeit, Schlechtgläubigkeit
Mạla fịdes supervẹniens nọcet	Ein hinzutretender schlechter Glaube schadet (nach kanonischem [c. 20 X de praesc. 6.26] und später auch nach dem gemeinen Recht muß der Ersitzende während der ganzen Ersitzungszeit gutgläubig gewesen sein; anders nach römischem Recht: Mala fides superveniens non nocet – D. 41.1.48,1; C. 7.31.1,3)
maledịctio	Verwünschung
malefịcium	Malefiz, Missetat, Verbrechen
malefịcus	Übeltäter
Mạle pạrta mạle dilabụntur	Schlecht Erworbenes geht übel zu Ende (Unrecht' Gut gedeihet nicht – Gnaeus Naevius)

malịtia	Bosheit, böser Wille
Malịtia sụpplet aetạtem	Bosheit ergänzt das Alter (ein Minderjähriger gibt sich als großjährig aus, womit der Schutz für Minderjährige entfällt)
Malịtiis non est indulgẹndum	Bosheiten ist keine Nachsicht zu gewähren, Schikanen sind unstatthaft – D. 6.1.38
malitiọsa desẹrtio	→ desertio malitiosa
mạllus	Thing, Ding; Landesversammlung; Gerichtsversammlung
mạllus legịtimus, pụblicus	echtes, ungebotenes Ding, Thing
mancipạtio	Handgriff, Zugriff des Käufers auf den Kaufgegenstand (womit der Kaufvertrag nach vorheriger Zahlung des Kaufpreises erfüllt war; später wurde diese Form auf andere Rechtsgeschäfte ausgedehnt → negotia per ... – römisches Recht)
mancịpium	Sklave, aber auch Kauf, Eigentumsrecht an einer Sache; Zwischenzustand einer Person nach Verkauf bis → manumissio (unterste Stufe der Unfreiheit)
mandatạrius	diplomatischer Vertreter; Anwalt
mandạtum	Auftrag; richterliche Verfügung; obrigkeitliche Dienstvorschrift; Abgeordnetenauftrag (Mandat); völkerrechtlicher Auftrag (Mandatsgebiet); strafrechtlich Anstiftung
mandạtum praesụmptum	vermuteter (Prozeß-) Auftrag

mandạtum qualificạtum Kreditauftrag

manifẹstum öffentliche Erklärung (besonders einer Regierung zur Rechtfertigung ihrer Handlungsweise); im Seerecht gerichtlich beglaubigtes Zertifikat (Zeugnis) über geladene Güter

mannịtio Aufforderung an den Beklagten, vor Gericht zu erscheinen (fränkisches Recht)

mạnsio Aufenthalt, Nachtlager; Poststation; Hofstelle

mansionạrius Quartiermeister; der an die Scholle des Herrenhofes (mansus) gebundene Hörige

mansionạticum Beherbergungsleistung

mansionạticus Aufseher an festen Wegen

mạnsus Hufe, Grund und Boden, der etwa eine Familie ernähren kann

mạnsus indominicạtus Fronhof, Herrenhof

manuạrium ius → ius manuarium

manụbiae Raubbeute

manubiạlis aus dem Erlös der Beute

manubiạrius Beuteanteil

manufidẹlis Treuhänder

mạnu firmạtio Handfeste im Sinne von Landesordnung; Schutzbrief; Privileg; Unterzeichnung einer Urkunde und diese selber

manumịssio	Freilassung speziell eines Sklaven aus der → manus des Hausvaters
mạnu prọpria (m. pr.)	eigenhändig
mạnus	Hand; Gewalt des Hausvaters über seine Familie (römisches Recht, entspricht etwa der deutschrechtlichen Munt)
mạnus clạvium	Schlüsselgewalt (der Ehefrau nach Ehegüterrecht)
mạnus iniẹctio	Handanlegung als Einleitung der Exekution; eigenmächtige Ergreifung eines Sklaven (Art der Selbsthilfe)
Mạnus mạnum lạvat	Eine Hand wäscht die andere (Seneca und Petronius Arbiter)
mạnus mọrtua	die tote Hand (Grundbesitz der Kirche)
mạnus prẹtium, manuprẹtium	Wert der Handarbeit (Arbeitslohn)
mạrchio	Markgraf
mạre clausum	eingeengtes Meer (Souveränitätsanspruch von Staaten über Teile des offenen Meeres)
mạre lịberum	freies Meer, Freiheit der Meere
mas, mạsculus	Mann, Mannsperson
mạssa bonọrum	Vermögensmasse
mạter famịlias	Hausmutter, Hausfrau
matẹrna	mütterliches Erbteil

Mạter sẹmper cẹrta est, pạter est, quem nụptias demọnstrant	Die Mutter ist immer gewiß, Vater ist derjenige, welchen die Verheiratung ausweist (die während bestehender Ehe gezeugten Kinder gelten als vom Ehemann gezeugt) D. 2.4.5
matrịcula	Matrikel, Verzeichnis; speziell das Verzeichnis der von einer Universität aufgenommenen Studenten
matrimọnium	Ehe
matrimọnium ad morganạticam, ad lẹgem Sạlicam	Minderehe, morganatische Ehe, Ehe zur linken Hand (Eheform des hohen Adels neben der vollgültigen Ehe)
matrimọnium consummạtum	(durch Beischlaf der Verlobten) vollzogene Ehe
matrimọnium legịtimum	legitime (den Staatsgesetzen entsprechend geschlossene) Ehe
matrimọnium putatịvum	Putativehe (nichtige oder anfechtbare Ehe, deren Nichtigkeit oder Anfechtbarkeit einem der beiden Ehegatten oder beiden nicht bekannt war)
matrimọnium rạtum	den kirchlichen Vorschriften entsprechende Ehe
Mẹa cụlpa, mẹa mạxima cụlpa	Mein (ist) die Schuld, mein (ist) die größte Schuld (Formel aus dem allgemeinen Sündenbekenntnis der katholischen Kirche)
mẹdia eruẹndae veritạtis	Wahrheitserforschungsmittel, wie z. B. Folter (keine Beweismittel)
mediạtus	mittelbar; im Verhältnis zum Reich mittelbare Herrschaft (bis 1806)

mediạtio	Vermittlung; aktive Vermittlung eines Staates im Streit zweier anderer
mediạtor	Mittelsperson
mẹdio	in der Mitte (Mediogeschäft ist ein Termingeschäft, das in der Mitte des Monats zu erfüllen ist)
Mẹdio tutịssimus ịbis	In der Mitte wirst du am sichersten gehen (der Mittelweg ist der beste – Ovid)
melancholịa	Schwermut (als Grund der Zurechnungsunfähigkeit)
Mẹlior est condịtio possidẹntis	Die Rechtsstellung des Besitzenden ist die bessere – D. 6.2.9,4
Mẹlius est favẹre repetitiọni quam adventịcio lụcro	Es ist besser, eine Rückforderung als einen zufälligen Gewinn zu begünstigen
membrạna	Pergament (als Urkundenmaterial)
Memẹnto mọri	Gedenke des Todes
memorạndum	etwas zu Notierendes; Denkschrift; im diplomatischen Verkehr eine ausführliche Darstellung eines politischen Vorgangs
memoratọrium	Beweisurkunde in Form eines sachlichen, unterschriebenen Berichts über einen Rechtsvorgang
mẹnsa acadẹmica	studentischer Mittagstisch, Mensa
mẹnsis praetẹriti (m. pr.)	des vorigen Monats
mensụra poenae	Strafzumessung

mẹo vọto	meines Erachtens
mẹrces	Mietzins
mẹritum	Verdienst
metropolịticum	erzbischöfliches Gericht als zweite Instanz für die Berufung gegen Urteile des Offizialats (→ officialis)
mẹtus	(durch widerrechtliche Drohung hervorgerufene) Furcht
mịles legạlis milịtiae	etwa: Ritter des Dienstes am Recht (durch diese Bezeichnung soll der Rechtsgelehrte dem Adel gleichgestellt werden – seit dem 14. Jh.)
miliạre bạnnitum	Bannmeile
Mịnima non cụrat praetor	Um Geringfügigkeiten (um geringfügige Rechtsnachteile) kümmert sich der Richter nicht – D. 4.1.4
minịster	(Staats-)Diener; Gehilfe; Helfershelfer
mịnor	minderjährig, der Minderjährige
mịnor aetas	Minderjährigkeit
minorạtus	Minorat, von minor = jünger (Erbfolgeordnung, nach der der Jüngste der Familie das Gut erbt; Gegensatz → maioratus)
minọritas	Minorität, Stimmenminderheit (bei Wahlen oder Abstimmung)
mịsera contrịbuens plebs	das arme steuerzahlende Volk (ungarischer Jurist am Anfang des 16. Jh.)

mịssio canọnica	priesterliche Sendung; Verleihung der Leitungsgewalt in der katholischen Kirche
mịssio in bạnnum rẹgis	Fronung, Vermögensbeschlagnahme
mịssio in possessiọnem, m. in bọna	Einweisung (des Gläubigers) in den Besitz, in das Vermögen (des Schuldners durch den Richter)
mịssi rẹgis	Königsboten
missịve	Sendschreiben
mitigạntia	Milderungsgründe
mobịlia	Mobilien, bewegliche Sachen
Mobịlia ọssibus inhaerent	Die beweglichen Sachen hängen den Knochen an (sie wurden nach der Statutentheorie dem Recht am Wohnsitz des Eigentümers unterworfen → lex domicilii)
moderạmen inculpạtae tutẹlae	Maß der Notwehrausübung
moderạtor	Lenker, Leiter, Regierer
mọdus	Auflage
mọdus acquirẹndi	Erwerbsart
mọdus p̣rocedẹndi	Verfahrensart
mọdus vivẹndi	Art und Weise des Neben- und Miteinanderlebens
molẹstia poenae	Härte der Strafe
monitọrium	Mahnschreiben

mọnitum	Mahnung
mọntes	Vereinigungen im mittelalterlichen Italien zur Gewährung von Darlehen an den Staat
monumẹnta	Urkunden im weiteren Sinne
mọra	Verzug
mọra accipiẹndi	Annahmeverzug, Gläubigerverzug
mọra ex rẹi fit	Verzug ohne Mahnung
Mọra perpetuạtur obligạtio	Verzug verewigt die Verbindlichkeit – D. 45.1.91,3
mọra solvẹndi	Leistungsverzug, Schuldnerverzug
moratọrium	Anordnung über einen zeitlichen Zahlungsaufschub für einzelne oder bestimmte Schuldner → litterae induciales
mọrbus	Krankheit (welche die Handlungsfähigkeit einschränken kann)
mortificạtio	Ungültigkeitserklärung eines Schuldscheins oder einer sonstigen Urkunde → amortisatio
mọrtis causa	von Todes wegen
mọrtis causa cạpio	Erwerb von Todes wegen
mọrtis causa donạtio	Schenkung von Todes wegen (unter der Bedingung, daß der Beschenkte den Schenker überlebt)
mortuạrium	Vermächtnis an die Kirche; Abgabe aus dem Nachlaß eines Geistlichen an den Bischof

Mọrtuus redhibẹtur	Der Tote (Sklave) wird zurückgegeben (das zufällige Sterben des verkauften Sklaven schließt die Wandlung nicht aus)
mos	Gewohnheit, Sitte, Brauch
mọtio	Bewegung; Eindruck; Anträge von Parlamentsmitgliedern auf Beratung bestimmter Einzelfragen
mọtu prọprio	aus eigenem Antrieb
movẹntia	sich selber bewegende Sachen, also Tiere
m. pr.	→ manu propria
m. pr.	→ mensis praeteriti
Mụlier tạceat in ecclẹsia	Das Weib schweige in der Kirche (Ausschluß der Frauen von der kirchlichen Weihe-, Lehr- und Leitungsgewalt – nach 1. Korinther 14.34)
mụlta	Geldstrafe, Geldbuße, überhaupt Strafe
mụltum, non mụlta	viel, nicht vielerlei (lesen) (Plinius d. Jüngere; aus: Aiunt enim multum legendum esse, non multa)
mụndium	Schutzgewalt (wie etwa Vormundschaft)
mụndum	Reinschrift
Mụndus vult dẹcipi ẹrgo decipiạtur	Die Welt will betrogen sein, also werde sie betrogen (Sebastian Brant, Narrenschiff, 1494)
municịpium	selbständige Stadtgemeinde (römisches Recht)

mụnus	Leistung, Geschenk, Spende
mụnus pụblicum	Pflicht zur Übernahme öffentlicher Ämter
mutạtio libẹlli	Klageänderung
mutạtio monẹtae	Münzverrufung (Neuausgabe von Münzen mit geringerem Feingehalt und gleichzeitiges Umlaufverbot für alte Münzen)
mutạtis mutạndis	nach den notwendigen Abänderungen
mụtuum	Darlehen
mụtuus consẹnsus	gegenseitige Übereinstimmung (als Voraussetzung des Vertragsabschlusses)
mụtuus dissẹnsus (consẹnsus in contrạrium)	Vereinbarung der Vertragslösung

N

narrạtor	Vorsprecher, Wortführer der Partei vor Gericht (fränkisches Recht)
nascitụrus	das Geborenwerdende, die noch ungeborene Leibesfrucht (als Rechtssubjekt)
Nascitụrus pro iạm nạto habẹtur, quọtiens de cọmmodis ẹius ạgitur	Ein bereits Gezeugter wird wie ein Geborener behandelt, wenn es um seinen Vorteil geht
nạtio	Volksstamm, Völkerschaft, Volk
naturạlia negọtii	natürliche, aber änderbare Bestandteile des Rechtsgeschäfts
naturạlis obligạtio	→ obligatio naturalis
nauta	Schiffer (der für die Sachen der Reisenden bis zur höheren Gewalt ausschließlich zu haften hat)
NB	→ nota bene!
ne bis in ịdem	nicht zweimal gegen dasselbe (Grundsatz im Strafprozeß, daß wegen einer bereits rechtskräftig abgeurteilten strafbaren Handlung nicht noch einmal Strafklage erhoben werden darf)
necẹssitas	Notstand
Necẹssitas non hạbet lẹgem	Die Notlage hat kein Gesetz

Necẹssitas probạndi incụmbit ịlli, qui ạgit — Die Notwendigkeit des Beweises trifft den, der klagt – D. 22.3.21

Ne ẹat iụdex ụltra petịta pạrtium — Der Richter geht (im Zivilprozeß) nicht über das Begehren der Parteien hinaus – D. 10.3.18 → Iudex iudicet …

Negatịva non sunt probạnda — Verneinungen sind nicht zu beweisen – aus D. 22.3.2 entwickelt

neglẹctio — Vernachlässigung, Versäumnis

negligẹntia — Fahrlässigkeit

negọtia claudicạntia, negọtium claudicans — hinkende Rechtsgeschäfte, hinkendes Rechtsgeschäft (solche, die für einen Teil gültig, für den anderen [noch] ungültig sind, z. B. Rechtsgeschäfte mit Minderjährigen, die den Vertragspartner binden)

negọtia ịnter vịvos — Rechtsgeschäfte unter Lebenden

negọtia mọrtis causa — Regelung von Rechtsverhältnissen nach dem Tode des Verfügenden

negọtia per aes et lịbram — Rechtsgeschäfte mit Kupfer und Waage (entstanden in der Zeit, als ungemünztes Kupfer im Umlauf war; es wurde vom Wägemeister [libripens] auf einer Waage in vereinbarter Menge zugewogen, worauf z. B. der Zugriff des Käufers auf den Kaufgegenstand erfolgte → mancipatio)

negotiọrum gẹstio — Geschäftsführung (ohne Auftrag)

negọtium — Geschäft, Rechtsgeschäft

negọtium dissimulạtum — verdecktes Rechtsgeschäft

negọtium mịxtum cum donatiọne	eine Zuwendung, für die eine nicht ihrem Wert entsprechende Gegenleistung vereinbart ist („Freundschaftskauf")
negọtium nụllum	nichtiges Rechtsgeschäft
negọtium simulạtum	Scheingeschäft
Nẹmini res sụa servịre pọtest	Niemandem kann an seiner eigenen Sache eine Servitut (Dienstbarkeit oder Hypothek) zustehen – D. 8.2.26 → Nulli res … → Res propria … (im modernen Recht ist eine Eigentümerhypothek möglich)
nẹmo	niemand, keiner
Nẹmo cum dụobus vel plụribus testamẹntis decẹdere pọtest	Niemand kann mit zwei oder mehreren Testamenten verscheiden – I. 2.17.2 (im modernen Recht ist es möglich, gültig ist das letztdatierte)
nẹmo dọminus membrọrum suọrum	Niemand ist Herr seiner Gliedmaßen (an der Leiche und am Körper des lebenden Menschen besteht kein Eigentum – römisches Recht)
Nẹmo invịtus ạgere cọgitur	Niemand wird gezwungen, ohne seinen Willen zu klagen (einen Anspruch gerichtlich geltend zu machen) D. 50.17.156,1
Nẹmo invịtus compẹllitur ad communiọnem	Niemand darf gegen seinen Willen in eine Gemeinschaft gezwungen werden – D. 12.6.26,4
Nẹmo iụdex in sụa causa	Niemand (sei) Richter in seiner eigenen Angelegenheit
nẹmo iụdex sịne actọre	kein Richter ohne (An-)Kläger, wo kein Kläger, da kein Richter

Nẹmo liberạlis, nịsi liberạtus	Niemand ist freigebig, wenn er nicht freigelassen ist
Nẹmo plus iụris ad ạlium transfẹrre pọtest quam ịpse hạbet	Niemand kann mehr Recht auf einen anderen übertragen, als er selber besitzt – D. 50.17.54
Nẹmo prohibẹtur plụribus exceptiọnibus ụti, quạmvis divẹrsae sunt	Es wird niemandem verboten, sich mehrerer Einreden zu bedienen, wenn sie auch verschieden sind
Nẹmo pro pạrte testạtus pro pạrte ịntestatus decẹdere pọtest	Niemand kann zum Teil aus Testament beerbt, zum anderen kraft Gesetzes beerbt verscheiden (diese harte Regelung des römischen Rechts ist später dahingehend gemildert worden, daß bei testamentarischer Verfügung über einen Bruchteil des Nachlasses für den verbleibenden Teil gesetzliche Erbfolge eintritt) D. 50.17.7
Nẹmo sịmul ạctor et iụdex	Niemand (kann) zugleich Kläger und Richter (sein)
Nẹmo prụdens pụnit, quịa peccạtum est, sed ne peccẹtur	Kein Rechtskundiger straft, weil gesündigt worden ist, sondern damit nicht gesündigt werde (Seneca von Plato übernommen)
Nẹmo tenẹtur se ịpsum prọdere	Niemand ist gehalten, sich selber zu belasten
Nẹmo ụltra pọsse obligạtur	Niemand wird über sein Können hinaus verpflichtet (Unmögliches kann nicht erwartet werden) D. 50.17.185
Ne procẹdat iụdex ex offịcio	Der Richter führt den Prozeß nicht von Amts wegen (Kommentatoren)

ne quid nịmis	nicht zuviel, alles mit Maß (Terenz)
nẹrvus probạndi	Hauptbeweisgrund
nẹrvus rẹrum	Nerv der Dinge (das Geld)
Ne sẹde vacạnte quid innovẹtur	Daß bei Erledigung eines Amtes nicht etwa eine Neuerung eintritt (daß dabei keine einschneidenden Verfügungen getroffen werden)
nẹxum	Fesselung, im weiteren Sinne alle per aes et liberam (→ negotia per aes ...) geschlossenen Geschäfte, im engeren Sinne Formaldarlehen mit sofortiger Vollstreckbarkeit; rechtliche Verbindlichkeit
nẹxus	mit seiner Person haftender Schuldner
nẹxus subditẹlae	gemäßigte Untertänigkeit (ersetzte in Österreich seit 1781 die Erbuntertänigkeit)
Nịhil fit sịne causa	Nichts geschieht ohne Ursache
Nịhil prọbat, qui nịmium prọbat	Nichts beweist, wer zuviel beweist
Nil admirạri!	Nichts bewundern! (Horaz)
Nịtimur in vetịtum sẹmper cupimụsque negạta	Wir neigen immer zum Verbotenen und wünschen das uns Versagte (Ovid)
N. L.	→ Non liquet
N. N.	→ nomen nescio → nomen nominandum
N. N.	→ Numerius Negidius

nobịlitas	Adel, Amtsadel
nobịlitas codicillạris	Briefadel
nocịvi họmines	(land)schädliche Leute, im Mittelalter Gewohnheitsverbrecher
nọlens vọlens	nichtwollend wollen (gleichviel, ob freiwillig oder nicht, wohl oder übel – Augustinus)
nọmen	Name; Forderung
Nọmen est ọmen	Name ist Vorbedeutung (Plautus)
Nọmen vẹrum ẹsse, nọmen bọnum ẹsse	Die Forderung ist wahr, ist gut (der Gläubiger tritt dafür ein, daß die von ihm verkaufte Forderung „wahr und gut" ist, d. h., er haftet für den rechtlichen Bestand der Forderung und für die Zahlungsfähigkeit des Schuldners) aus D. 21.2.75,3 entwickelt
nọmen nẹscio (N. N.)	den Namen weiß ich nicht
nọmen nominạndum (N. N.)	der zu nennende Name
Nọmina et dẹbita ịpso iụre sunt divịsa	Der Nachlaß ist von Rechts wegen geteilt (im römischen Recht wurden Nachlaßforderungen und -schulden sofort auf die Miterben aufgeteilt; es entstand kein gemeinschaftliches Vermögen der Erben)
nominạtio	Neuerung, Erneuerung; Namhaftmachung; namentliche Wahlvorschläge
nominạtio auctọris	→ auctoris nominatio

nọmine	im Namen, unter dem Namen, unter dem Titel
nọmine prọprio	im eigenen Namen
nọndum concẹpti	noch nicht Erzeugtes
Non lịquet (N. L.)	Es ist nicht klar (nach Cicero römische Gerichtsformel bei unentscheidbaren Fällen)
Non ọlet	Es stinkt nicht (nämlich das Geld, wenn es auch zweifelhaften Quellen entstammt. – Geht nach Sueton auf Vespasians Äußerung über den Erlös aus der Besteuerung der öffentlichen Bedürfnisanstalten zurück, aber vorher so schon von Cicero formuliert)
Non ọmne quod lịcet, honẹstum	Nicht alles, was (rechtlich) erlaubt ist, ist moralisch einwandfrei (ehrenhaft) (z. B. die Geldheirat)
non plus ụltra	nicht darüber hinaus (das Letztmögliche; Unübertreffbares)
Non schọlae, sed vịtae dịscimus	Nicht für die Schule, für das Leben lernen wir (Seneca d. Jüngere)
nọnusus	Nichtgebrauch (eines Rechts)
nọta	Note, Mitteilung; Urkunde; regierungsamtliche Mitteilung im internationalen Verkehr
nọta bẹne! (NB)	merke wohl!
nọta censọria	zensorische Rüge (bei Verstößen gegen die öffentliche Sittlichkeit)
notạrius	Beamter für öffentliche Beurkundungen
notificạtio	Notifikation, Bekanntmachung, Meldung

notịtia	schlichte Beweisurkunde
notịtia dignitạtum	römischer Hof- und Staatskalender aus dem Jahre 405
notorịetas	Kundbarkeit, Offenkundigkeit, allgemeine Bekanntheit
nọtula	Entwurf, kurze Bemerkung
novạtio	Neuerung; Umwandlung (Aufhebung eines Rechtsgeschäfts durch Begründung eines neuen, damit Umwandlung einer Schuld in eine andere)
Novẹllae (lẹges)	neue (nach Abschluß des → Codex Iustiniani erlassene) Gesetze
novẹllae lẹges	Gesetzesnovellen, Nachtragsgesetze
nọvum	ein neuer Tatbestand
nọxa	Beschädigung; durch Tiere (früher auch durch Sklaven) verursachter Schaden
Nọxa cạput sẹquitur	Der Schaden folgt dem Tier (derjenige, der zur Zeit der Klageerhebung Eigentümer des Tieres ist, das Schaden angerichtet hat, haftet für den Schaden) D. 9.1.1,12
nọxae dedịtio	Befreiung vom Schadenersatz durch Aufgabe des den Schaden verursachenden Tieres
nụda praecẹpta	Auflagen im Testament, bei denen nicht klar ist, zu wessen Vorteil sie gedacht sind
nụda proprịetas	nacktes Eigentum (Eigentum ohne Nutzungsmöglichkeiten, z. B. das Obereigentum des Lehnsherrn)

nụdis vẹrbis	mit dürren Worten
Nụlla poena sịne crịmine	Keine Strafe ohne Verbrechen
Nụlla poena sịne lẹge	Keine Strafe ohne Gesetz (die Strafbarkeit einer Handlung muß nach Anselm Feuerbach durch ein Gesetz bestimmt sein)
Nụlli res sụa sẹrvit	An eigener Sache kann keine Servitut bestellt werden (D. 8.2.26) → Nemini res ... → Res propria ...
nụllitas	Nichtigkeit
Nụllum crịmen sịne lẹge (poena legạli)	Kein Verbrechen ohne Gesetz (Strafgesetz) (nur das Gesetz bestimmt, welche Handlungen strafbar sind)
Nụllum offịcium sịne benefịcio, nụllum benefịcium sịne offịcio	Kein kirchliches Amt ohne Pfründe, keine Pfründe ohne kirchliches Amt
Nụmerius Negịdius (N. N.)	in alten Formeln Bezeichnung für den Beklagten und für den Schuldner
nụmerus clausus	begrenzte Zahl (an Zulassungen zum Studium, zum Rechtsanwalt u. ä.)
nụmmus ụnus	eine (einzige) Münze; Scheinpreis
nunciạtio	Einspruch
nụncius	Anwalt
nuncupạtio	mündlich Vereinbartes; feierliches Versprechen

nụnquam otiọsus	niemals müßig
nụnquam retrọrsum	niemals rückwärts
nụntius	päpstlicher Gesandter

O

obdụctio	Leichenschau
ọbiter dịctum	nebenbei bemerkt; Rechtsgrundsätze, die obere und höchste Gerichte bei Gelegenheit eines Urteils zum Ausdruck bringen (englisches Recht)
oblạtio	Angebot, Entrichtung, Leistung; im Lehnsrecht Übergabe des Eigentums an einen Mächtigeren bei gleichzeitiger Rücknahme als Leihgut
oblạtio libẹlli	Überreichung der Klageschrift
obligạtio	Verbindlichkeit, Schuldverhältnis; Schuldurkunde (Obligation) → iuris vinculum
obligạtio alternatịva	Wahlschuld
obligạtio bilaterạlis	gegenseitiges Schuldverhältnis
obligạtio bilaterạlis ịnaequalis	unvollkommen zweiseitiges Rechtsgeschäft
obligạtio civịlis	mit einer Klage versehene Obligation
obligạtio cọrrealis	Korrealobligation, Schuldverhältnis mit Gläubiger- oder Schuldnermehrheit
obligạtio ex contrạctu	Verbindlichkeit aus einem Vertrag
obligạtio ex delịcto	Verbindlichkeit, die sich aus einem Delikt ergibt

obligạtio ex lẹge	Verbindlichkeit von Gesetzes wegen (eine sich aus Sachenrecht zusätzlich ergebende schuldrechtliche Verbindlichkeit)
obligạtio in sọlidum	Schuldverhältnis, bei dem jeder aus der Schuldner- oder Gläubigermehrheit das Ganze zu fordern befugt oder zu leisten verpflichtet ist
obligạtio naturạlis	Naturalobligation (Schuldverhältnis, bei dem der Gläubiger kein Klagerecht besitzt)
obligạtio pro rạta	Schuldverhältnis, bei dem jeder aus der Gläubiger- oder Schuldnermehrheit nur seinen Anteil fordern kann oder leisten muß
obligạtio quạsi ex contrạctu	→ quasicontractus
obligạtio quạsi ex delịcto	→ quasidelictum
obligạtio unilaterạlis	einseitiges Schuldverhältnis
obrogạtio	Vorschlag zur Gesetzesaufhebung oder -änderung
observạntia	Regel, Herkommen, Brauch, Observanzen (spezielles Gewohnheitsrecht)
observạntia interpretatịva	Observanzen, welche Gesetze auslegen
observạntia iudiciạlis	Gerichtsgebrauch
ọbses	Geisel, Leibbürge
obsẹssio viạrum	Belagerung der Straßen, Landzwang

obsignạtio Versiegelung, Besiegelung; Bestätigung, Genehmigung

obstạgium Einlager, freiwillige Geiselhaft auf eigene Kosten bis zur Bezahlung der Schuld → ius obstagii → pactum obstagii

obstạgius Geiselbürge

occạsio mitwirkende Bedingung (im Unterschied zur verursachenden Bedingung → causa – Legisten)

occạsio lẹgis Anlaß für ein Gesetz

occịsio Tötung

occupạtio Besitzergreifung, Ergreifung einer herrenlosen Sache in Zueignungsabsicht; Besetzung fremden Staatsgebietes durch Truppen; strafbare Besitzentziehung

occupạtio bẹllica Kriegsbeute

offẹnsio Vergehen

offẹnsio iniụsta rechtswidriger Angriff (als Voraussetzung der Notwehr)

officiạlis Amtsträger; dann Offizial (Richter des bischöflichen Gerichts); Offizialat (kollegiale Gerichtsbehörde bei der bischöflichen Kurie)

offịcium Pflicht, Arbeit, Dienst; Kirchenamt; subalternes Amt in Rom im Gegensatz zu den höheren Ämtern (→ dignitas)

ọlim possẹssor, họdie possẹssor, sẹmper possẹssor	einst Besitzer, heute Besitzer, immer Besitzer (Grundsatz bei der Ersitzung zugunsten des Eigenbesitzers, daß er die Sache sowohl zu Beginn als auch am Ende in Eigenbesitz hatte)
omịssio	(strafbare) Unterlassung
Ọmnia iudịcia ẹsse absolutọria	Alle Urteile begünstigen die Freisprechung (des Beklagten, wenn er nach der Rechtshängigkeit den klägerischen Anspruch beseitigt hat) I. 4.12.2
Ọmnia iụra in scrịnio pectọris hạbet	Er (der Papst) trägt die Rechte im Schrein seiner Brust (Ausspruch Bonifaz' VIII., bezeichnend für das Papalsystem; der Papst ist unumschränktes Oberhaupt der katholischen Kirche, papa superat concilium = der Papst steht über dem Konzil)
Ọmnis condemnạtio est pecunạria	Jede Verurteilung erfolgt in Geld (ein lange Zeit herrschender Grundsatz im römischen Zivilverfahren) Gaius 4.48
ọnus, ọnera	Last(en), Leistung(en), Beschwerde(n)
ọnus fạbricae	Kirchenbaulast
ọnus probạndi	Beweislast
ọnus pụblicum	öffentliche Abgabe
ọpe exceptiọnis	kraft der Einrede (erlischt eine Forderung)
ọperae fabrịles	gewerbliche Dienste (zu denen sich der Freigelassene gegenüber seinem Patron verpflichtet)
ọperae liberạles	freie Dienste (unterlagen nach römischem Recht nicht den Bestimmungen über den

	Dienstvertrag, Ärzte und Anwälte erhielten ein Honorar, keine vereinbarte Vergütung)
ọperae officiạles	Respektsdienste des Freigelassenen gegenüber dem Patron
ọperis nọvi nunciạtio	Einspruch gegen neue (nachteilige) Bauunternehmungen (des Nachbarn)
opịnio	Meinung, Überzeugung, Anschauung
opịnio commụnis	allgemeine (herrschende) Meinung
opịnio iụris	Rechtsanschauung
opịnio necessitạtis	Überzeugung von der Notwendigkeit (als eines der Kennzeichen für die Geltung des Gewohnheitsrechts)
oppos̩itio	Opposition, Gegensatz; Widerstand, Entgegenstellen, Einwendung
oppręssio, oppręssus	Unterdrückung; Überwältigung
ọptima fịde	in bestem Glauben
ọptima fọrma	in bester Form
ọptime	am besten, aufs beste, vorzüglich
ọptimum	das Beste
ọptio	Option, Willenserklärung, eine bestimmte Staatsangehörigkeit zu erlangen; Wahl, Entscheidungswahl
ọpus	Arbeit; Werk, Bauwerk; Wissenschaft; Kunst

O quae mutạtio rẹrum!	O welche Änderung der Dinge! (alter Kehrreim)
Ora et lạbora	Bete und arbeite (Benediktinerregel)
orạtio Sevẹri	ausnahmsweise Geltung von Schenkungen zwischen Ehegatten (sie waren nach römischem Recht grundsätzlich nichtig, wurden jedoch durch den Tod des Schenkenden bei bestehender Ehe gültig)
ọrbis	universale Völkerrechtsgemeinschaft
ọrbis terrarum	Erdkreis
ọrbus	Kinderloser (mit Sonderstellung im Recht); wörtlich: einer Sache beraubt, entledigt, auch als verwaist, elternlos gebraucht
ordạlium	Gottesurteil
ọre et dịgito resignạre	mit Mund und Hand (feierliche Verzichtsleistung, Auflassung eines Grundstücks bei den Sachsen)
ọtium cum dignitạte	Muße mit Würde, wohlverdienter Ruhestand

P

p. a. → pro anno

pacificạtio Befriedung; Friedensstiftung

Pạcta sunt servạnda Verträge müssen erfüllt werden (Thomas Hobbes)

pạctum, pạcta Vertrag, Verträge; Abreden, Abmachung; in merowingischer Zeit auch Gesetz

pạctum addictiọnis in dịem → addictio in diem

pạctum adiẹctum Nebenabrede

pạctum antecẹdens vorherige Verabredung der Kontrahenten bei Realverträgen

pạctum antichrẹticum Vertrag zwischen Pfandgläubiger und Pfandschuldner, daß der Pfandgläubiger anstelle von Zinsen Nutzungen aus dem Pfand ziehen kann

pạctum cạmbii Wechselvertrag

pạctum confraternitạtis Erbverbrüderung (im hohen Adel)

pạctum convẹntum Übereinkommen

pạctum de contrahẹndo Vorvertrag

pạctum de deponẹndo Vertrag über eine künftige Verwahrung

pạctum de dọlo non praestạndo Abmachung, nicht für Vorsatz zu haften (ist nichtig)

pạctum de heredi-dạte tẹrtii	Vertrag zwischen einem vermutlich Ẹrbberechtigten und einem anderen über den Nachlaß eines noch lebenden Dritten
pạctum de mụtuo dạndo	Darlehensvorvertrag
pạctum de non compensạndo	Abmachung, daß keine Aufrechnung gelten soll
pạctum de non distrahẹndo	Vertrag über den Ausschluß der Veräußerungsbefugnis
pạctum de non licitạndo	vertragliche Verpflichtung, bei der Versteigerung vom Mitbieten abzusehen
pạctum de non petẹndo	formloser Erlaßvertrag
pạctum de quọta lịtis	(in Rom verbotenes) Ausbedingen eines Anteils am Streitgegenstand von seiten des Anwalts
pạctum de re sperạta	Vertrag über eine hinsichtlich des Umfangs ungewisse Sache
pạctum de retrovendẹndo	Wiederkaufsrecht, Rückkaufsrecht
pạctum de spe	Vertrag über eine hinsichtlich der Entstehung ungewisse Sache
pạctum displicẹntiae	Rücktrittsklausel beim Kauf, durch die dem Käufer freier Rücktritt innerhalb einer bestimmten Frist zugestanden wurde
pạctum dotạle	Vertrag über das Ehegüterrecht
pạctum fidụciae	Vertrag über Sicherungsübereignung

pạctum hereditạrium	Erbvertrag
pạctum in favọrem tẹrtii	Vertrag zugunsten eines Dritten
pạctum legịtimum	gesetzliche Abrede
pạctum ne dọlus praestẹtur	Vertrag, daß ein (künftiger) Vorsatz nicht vertreten wird (ist unzulässig), kein Erlaß der Haftung für einen Vorsatz des Schuldners im voraus
pạctum nụdum	klaglose Abrede (klagloser Vertrag; Gegensatz → pactum vestitum)
pạctum nuptiạle	Ehevertrag
pạctum obstạgii	Vertrag über eine freiwillige Geiselhaft des Schuldners → obstagium
pạctum praetọrium	prätorische Abrede (vom Gerichtsmagistrat mit einer Klage ausgestattete formlose Verträge)
pạctum protimịseos	Vorkaufsrecht
pạctum reservạti domịnii	Eigentumsvorbehalt
pạctum subiectiọnis	Unterwerfungsvertrag, heute mehr Herrschaftsvertrag
pạctum successọrium	Erbvertrag → pactum hereditarium
pạctum successọrium affirmatịvum, p. s. acquisitịvum	Erbeinsetzungsvertrag, der neues Erbrecht entstehen läßt

pạctum successọrium conservatịvum	Erbeinsetzungsvertrag, der bestehendes Erbrecht sichern soll
pạctum successọrium dispositịvum	Vertrag über die Zuweisung eines Nachlasses an einen Dritten nach dem Tode des Erblassers
pạctum successọrium negatịvum, p. s. renuntiatịvum	Erbverzichtsvertrag
pạctum successọrium restitutịvum	Vertrag über die Zuweisung eines Nachlasses an einen Vorerben, so daß der Dritte Nacherbe ist
pạctum uniọnis	Vereinigungsvertrag, Gesellschaftsvertrag
pạctum vestịtum	klagbare Abrede (klagbarer Vertrag; Gegensatz → pactum nudum)
Pạctus Alamannọrum	alemannisches Volksrecht (Anfang 7. Jh.)
pạllium	zweigeteilte Schulterbinde des Bischofs als Zeichen der Jurisdiktion
palmạrium	Ausbedingen einer besonderen Vergütung für den Fall des Obsiegens durch den Anwalt
pandẹctae	Pandekten oder Digesten (Sammlung des Juristenrechts im → Corpus iuris civilis)
pạnem et circẹnses	Brot und Zirkusspiele (im alten Rom – Juvenal)
papinianịstae	Studenten des dritten Studienjahres, weil sie die Responsa (→ responsa prudentium) das Papinian studierten

parągium	Apanage, Abfindung in Liegenschaften für nachgeborene Prinzen → appanagium
paraphẹrna	nicht zur → dos gehörende Vermögensstücke der Ehefrau
par condịcio creditọrum	die gleiche Bedingung für alle Gläubiger (im Konkursverfahren, d. h., es gibt keine Rangfolge der Gläubiger)
parentẹla	Verwandtschaft; die Gesamtheit der Abkömmlinge eines Stammvaters
pạres	Gleichstehende, Standesgenossen
Par in pạrem non hạbet impẹrium	Ein Gleicher hat keine Herrschaft über Gleiche (daraus wird die Immunität staatlichen Eigentums abgeleitet)
par in pạres	Gleicher unter Gleichen
pạritas	Parität, die gleiche Zahl von Mitgliedern unterschiedlicher Richtungen (z. B. katholische und evangelische) in parlamentarischen Gremien
parlamẹntum	Ständeversammlung; in Frankreich oberstes Gericht; Parlament im modernen Sinn
pạrochus prọprius	zuständiger Pfarrer (wichtig für die Eheschließung nach Kirchenrecht)
parricịdium	Verwandtenmord
pars pro tọto	ein Teil für das Ganze (vom Teil aufs Ganze geschlossen)
pạrtes decịsae	Dekretalen des → Liber Extra, bei denen der Tatbestand fortgelassen ist

pạrtes Digestọrum	für den Rechtsunterricht vorgenommene Gliederung der Digesten (→ digesta) in sieben Teile
pạrtes pro indivịso	Teilbarkeit der Rechte nach Bruchteilen, ideelle Teilung
participạtio	Teilnahme, Beteiligung an der Tat; im Handelsrecht Frühform der Stillen Gesellschaft
Partụriunt mọntes, nascętur ridịculus mus	Es kreißen die Berge, geboren wird werden eine lächerliche Maus (viel Aufwand für fast nichts – Horaz)
pạssim	weit und breit, überall; häufig (bei Zitaten)
pạssus contradịcti	Protest der Reichsstände gegen die von den Kurfürsten beschlossenen Zusätze zur Wahlkapitulation
patęnta, patęntes lịtterae	von patens = offen, öffentlich; ein beglaubigter Brief; obrigkeitliche Bekanntmachung (für genehmigte Gewerbebetriebe und für Offiziersbestallungen); Urkunde über das ausschließliche Recht der gewerblichen Verwertung einer neuen Erfindung
Pạter(is) est quem nụptias demọnstrant	Vater ist, wen die Eheschließung ausweist – D. 2.4.5
pạter famịlias	(unumschränkt herrschender römischer) Familienvater
Pạterna patęrnis, mạterna matęrnis	Die väterlichen (Erbgüter) fallen an die väterliche, die mütterlichen an die mütterliche Seite zurück (wenn Erben 1. und 2. Grades fehlen) → ius recadentiae
patęrnitas	Vaterschaft

patịbulum	Halsblock als Strafwerkzeug; Querholz des Kreuzes, mit dem der Delinquent zur Kreuzigung auf den Pfahl (palus) gehängt wurde
Pạtriae in serviẹndo consụmor	Im Dienen fürs Vaterland werde ich aufgezehrt (Otto Fürst von Bismarck)
Pạtria est, ubicụnque et bẹne	→ Ubi bene ...
pạtria potẹstas	väterliche Gewalt (römisches Recht)
patrimọnium	vom Vater Ererbtes; Erbteil; Eigentum; Privatvermögen des Fürsten; Patrimonialgüter sind Erbgüter
patrocịnium	Schutz (des Klienten [→ clientela] durch den Patron); Beschützung einer Diözese oder Kirche durch Heiligen (Schutzpatron); Begünstigung; Vertretung, Verteidigung, Beistand vor Gericht
patronạtus	Treueverhältnis zwischen Freilasser und Freigelassenem; Kirchenpatronat
patrọnus	Patron, Schutzherr (der Klienten und Freigelassenen); einer Kirche (Kirchenpatron)
paupẹries	Armut; Beschädigung, besonders durch ein Tier angerichteter Schaden
pax	Frieden
pax Dẹi	Gottesfrieden
Pax Romạna	Römischer Frieden (das Zusammenleben der gesamten Mittelmeerwelt unter der gemeinsamen großen Rechtsordnung Roms)
p. Chr. n.	→ post Christum natum

peccạtum	Ungehorsam gegen die Ordnung Gottes; Sünde als Oberbegriff und zur Abgrenzung gegenüber dem rechtlich erheblichen Fehlverhalten; Straftat, Verbrechen
Peccạtum ịntra et ẹxtra	Es wird innerhalb und außerhalb (der Mauern von Troja) gesündigt (auf beiden Seiten werden Fehler gemacht – Horaz)
peccạtum mortạle	Todsünde
peccạtum originạle	Erbsünde
peccạtum sodomịticum	Unzucht zwischen Mensch und Tier
peccạtum veniạle	läßliche Sünde, Erlaßsünde (eine Sünde, die erlassen werden kann)
Pẹctus fạcit iurisconsụltum	Die Brust (das Herz) macht den Rechtskundigen
peculạtus	Entwendung, Unterschlagung, Veruntreuung öffentlicher Gelder oder Beschädigung öffentlicher Sachen; später Terminus für Unterschlagung
pecụlium	Vermögen, Sondervermögen
pecụnia	Geld (von pecus = Kleinvieh), Vermögen
pecuniạriter ạgere	auf Entschädigung klagen
pecụnia traiectịtia	→ faenus nauticum
pedạgium	Wege- und Brückengeld

pędum cųrvum	gekrümmter Hirtenstab (als eines der Rangzeichen von Bischöfen)
pędum rędum	gerader Hirtenstab (als eines der Rangzeichen des Papstes)
pęnsum	Zugewogenes; zugemessene Arbeit; Schulaufgabe
per ąspera ad ąstra	auf rauhen (Pfaden) zu den Sternen
per aversiǫnem	(Kauf) in Bausch und Bogen
percęptio	Einnahme
percęptio frųctus	Besitzergreifung an den Früchten durch Abnehmen, Einsammeln; Recht, Früchte und Nutzungen aus einer Sache zu ziehen
perclųsio	Sperren; Perklusions- oder Sperrecht des Vermieters (gewaltsame Verhinderung des Auszugs von säumigen Mietern)
percųssio	Körperverletzung
percųssio clęrici	Schlagen eines Geistlichen; tätliche Beleidigung eines Geistlichen wird nach kanonischem Recht mit der Exkommunikation bestraft (→ excommunicatio)
perduęllio	Hochverrat
peregrįnus	römische Bezeichnung für Nichtrömer, also der Fremde
peręm(p)tio	Vernichtung; Verfall; peremtorische Einreden vernichten, im Gegensatz zu den dilatorischen, die aufschieben

per exẹmplum	zum Beispiel
per fas	auf rechtlichem Wege; zu Recht
per fas et nẹfas	mit Recht und Unrecht (auf jede Weise)
perfịdia	Treulosigkeit
perforạtio	Durchbohrung (der Urkunde als Form der Urkundenschelte, also der Bestreitung des Inhalts, bei Privaturkunden)
perịculum	Gefahr (des zufälligen Untergangs), Gefahrtragung; in Rom auch Urteilsschrift
Perịculum est emptọris	Die Gefahr (des zufälligen Untergangs der Kaufsache) trifft den Käufer (dieser römisch-rechtliche Grundsatz [D. 18.6.13] gilt heute nicht mehr; die Gefahr trägt bis zur Übergabe grundsätzlich der Verkäufer)
Perịculum est locatọris	Die Gefahr (der durch den vertragsmäßigen Gebrauch herbeigeführten Verschlechterungen) trägt der Vermieter
perịculum in mọra	Gefahr im Verzug (im Verzögern liegt Gefahr)
periụrium, periurạtio	Falschaussage, Meineid
Per lịberam persọnam nọbis adquịri non pọtest	Durch eine freie Person kann für uns (kein Recht) erworben werden (Stellvertretung beim Rechtserwerb war früher grundsätzlich ausgeschlossen; gilt heute noch bei höchstpersönlichen Rechtsgeschäften wie Eheschließung, Testamentserrichtung)
per mandatạrium	durch den Bevollmächtigten

permịssio	Erlaubnis, Bewilligung
permịxtio	Vermischung
permutạtio	Tausch, Vertauschung; Versetzung
per nẹfas	zu Unrecht
per pẹdes	zu Fuß
perpetrạtio mạli	Vollziehung des Schlechten (durch Tun im Gegensatz zur Unterlassung)
perpetuạrius	Erbpächter
perpetuạtio fọri	Beständigkeit des Gerichts (die sachliche und örtliche Zuständigkeit des Prozeßgerichts wird durch Veränderung der sie begründenden Umstände nicht berührt, maßgebend ist der Prozeßbeginn)
perpetuạtio obligatiọnis	Verewigung der Verbindlichkeit (durch Verzug)
per procuratiọnem	durch Stellvertretung (war die Eheschließung von Mitgliedern landesherrlicher Häuser möglich)
per rescrịptum prịncipis	durch Verfügung des Fürsten bzw. der Staatsgewalt → legitimatio
per se	an und für sich; von selbst
persecụtio	gerichtliche Verfolgung; Acht
persọna grạta	willkommene Person
persọna mịnus grạta	von vornherein von der Wahl auszuschließende Person

persọna non grạta	unwillkommene (oder nicht mehr willkommene) Person (daher Ausweisung)
per stịrpes	(Erbteilung) nach Stämmen; Gegensatz → in capita
persuạsio, persuạsus	Überredung (als Form der Anstiftung)
pertinẹntia	Pertinenz, Zubehör
pertinẹntia comitạtus	mit dem Grafenamt verbundene Einkünfte
per vọta maiọra	durch Stimmenmehrheit
Pẹssima tẹmpora, plụrimae lẹges	Schlechte Zeiten, viele Gesetze
petịtio	Bitte, Anspruch, Klagerecht; Gesuch oder Beschwerden an Behörden oder gesetzgebende Organe; Bezeichnung für dingliche Klagen
petịtio princịpii	Erschleichung des Beweisgrundes, Benutzung eines ungewissen Satzes als Beweisgrund (Logik)
petịtor	Bittsteller; Bewerber um ein Amt; Kläger im Zivilprozeß
Petitọri incụmbit probạtio	Dem Kläger obliegt der Beweis
petitọrium	Klage aus dem Recht (mit petitorischen Klagen wird ein Recht in Anspruch genommen, z. B. Eigentumsklage; im Gegensatz dazu geht es bei den possessorischen Klagen um den Besitz einer Sache → possessorium)
Petitọrium absọrbet possessọrium	Die Klage aus dem Recht verschlingt die Klage aus dem Besitz

petịtum	Klageantrag; Gesuch (in einer Eingabe)
pịa cọrpora	milde Stiftungen
pịạculum	Sühnopfer; das zu sühnende Unrecht
pịa fraus	frommer Betrug
pignorạtio	Verpfändung
pịgnoris cạpio	Ergreifen des Pfandes (eine der römischen Selbsthilfen)
Pịgnoris causa indivịsa est	Der Rechtsgrund (das Rechtsverhältnis) der Pfandsache ist ungeteilt (mit dem Pfand wird für die ganze Forderung gehaftet, bei einem geteilten Pfand wird mit jedem Teil für die ganze Forderung gehaftet) D. 21.2.65
pịgnus	Faustpfand
pịgnus in causa iudicạti cạptum	gerichtliche Beschlagnahme des Schuldnervermögens zugunsten des Gläubigers
pịgnus ịnsulae	gesetzliches Spezialpfandrecht des Baugeldgebers
pịgnus irregulạre	Geldkaution
pịgnus iudiciạle	richterliches Pfandrecht
pịgnus legạle	Pfandrecht kraft Gesetzes
pịgnus pụblicum	in einer öffentlichen Urkunde begründetes Pfandrecht
pịgnus voluntạrium	Pfandrecht durch Rechtsgeschäft
pịnxit	hat (es) gemalt

plạcet	es gefällt, substantivisch gebraucht: Genehmigung, Einwilligung
placẹtum	Plazet, Genehmigung; staatliche Zustimmung zu kirchlichen Verordnungen u. ä.
plạcitum	Gutachten; Beschluß, Verordnung; früher auch Gerichtsverhandlung
plạga	blutige Körperverletzung
plagiạrius	Menschenräuber; Seelenverkäufer
plagiạtor	Dieb geistigen Eigentums
plạgium	Menschraub
plạgium literạrium	Plagiat, literarischer Diebstahl
plạgium militạre	gewaltsame Werbung zum Wehrdienst
plebiscịta	Plebiszite (Beschlüsse der römischen concilia plebis, der Versammlungen der Plebejer); heute allgemein Volksbeschlüsse
plẹna pubẹrtas	volle Mannbarkeit, Mündigkeit, d.h. 18 Jahre (das ist auch der vorgeschriebene Altersunterschied zwischen Adoptierenden und Adoptierten)
plẹno iụre	mit vollem Recht
plẹnum	vollzählige Versammlung einer Körperschaft
Plẹnus vẹnter non stụdet libẹnter	Ein voller Bauch studiert nicht gern
plus petịtio	unberechtigte Mehrforderung des Klägers (führt zur Klagabweisung)

poena	Strafe, Geldstrafe, Buße; Nachteil
poena confẹssi	Strafe für die Nichtbeantwortung einer gegnerischen Behauptung im Prozeß
poena conventionạlis	Konventionalstrafe
poena dụpli	Strafe des Doppelten (strafweise Verdoppelung der ursprünglichen Leistung)
poena ẹxtraordinạria	außerordentliche Strafe (nach dem Ermessen des Richters verhängt, weil das Gesetz keine oder keine genaue Aussage über die Strafe trifft)
Poena mạior absọrbet minọrem	Die größere (höhere) Strafe saugt die geringere auf
poena medicinạlis	Besserungsstrafe (Kirchenrecht)
poena praeclụsi	strafweiser Ausschluß (der Einreden im Prozeß für den säumigen Beklagten)
poena recusạti	Nachteil der Verweigerung (des Eides)
poena suspectiọnis	Verdachtsstrafe
poena taliọnis	Vergeltungsstrafe
poena vindicatịva	Vergeltungsstrafe (Kirchenrecht)
poenitẹntia	Pönitenzen (die vom Beichtvater auferlegte Buße als Bedingung der Absolution); Strafe für Geistliche wegen leichter Vergehen; tätige Reue (Rücktritt vom Versuch)
poenitentiạria Romạna	päpstliche Justizbehörde für Dispensationen
polịtia	Polizei

pollicitạtio	Auslobung, einseitiges Versprechen
pollụtio	Verunreinigung; Kirchenschändung → crimen sacrilegii
pọntifex mạximus	oberster Priester, jetzt einer der Titel des Papstes
pọrtio cọngrua	angemessener Anteil (der ausreichende Lebensunterhalt für Geistliche)
pọrtio legịtima	→ legitima portio
pọrtio statutạria	Erbrecht des überlebenden Ehegatten (so genannt, weil meist in Statuten, d. h. in Partikularrechten, geregelt)
posịtio	Einzelbehauptung aus dem gerichtlichen Vorbringen der Parteien
pọsito	gesetzt den Fall
Pọsitus in conditiọne non est pọsitus in dispositiọne	Ein bedingt eingesetzter Erbe ist nicht zur Verfügung berufen, aus dem Inhalt einer Bedingung kann keine Erbeinsetzung entnommen werden (römisches Recht)
possẹssio	Besitz
possẹssor bọnae fịdei	gutgläubiger Besitzer
possessọrium	Klage aus dem Besitz
possessọrium ordinạrium	Besitzschutz gegen Störung in Weiterentwicklung des → interdictum unde vi
possessọrium summariịssimum	beschleunigter Besitzprozeß (gemeines Recht)

possẹssor pro possessọre	Erbschaftsbesitzer, der weiß, daß er nicht der Erbe ist
post Chrịstum nạtum (p. Chr. n.)	nach Christi Geburt
posteriọra	nachfolgendes
post evẹntum	nach dem Ereignis
post fẹstum	nach dem Fest, zu spät
post hoc, sed non prọpter hoc	nach diesem, aber nicht deswegen
post mọrtem	nach dem Tode
post scrịptum (p. s.)	Nachschrift
pọstumus	nachgelassen
post ụrbem cọnditam (p. u. c.)	→ ab urbe condita
potẹstas	Macht, Amtsgewalt
potẹstas clạvium	Schlüsselgewalt (Kirchenrecht)
potẹstas feudạlis sublịmis	Lehnshoheit
potẹstas iurisdictiọnis	Regierungsgewalt der katholischen Kirche; die richterliche Gewalt des Herrschers
p. p.	→ praeter propter
praebẹnda	Pfründe, Leibrente aus kirchlichem Vermögen

praecedẹntia	Vortrittsrecht
praecẹptum	Auflage
praecịpuum	Voraus, gesetzliches Vorvermächtnis, d. h. Erbabfindung der Vorkinder (Kinder aus der Ehe des verstorbenen Elternteils) oder der Hausrat für den überlebenden Ehegatten
praeclụsio	Ausschluß (einer Partei im Prozeß von gewissen Rechten und Handlungen)
praeclusọria (sentẹntia)	Ausschluß des säumigen Gläubigers im Konkurs durch Urteil
praeco	Fronbote
praeda	(Kriegs-) Beute
Praedia vicịna ẹsse dẹbent	Die Grundstücke müssen benachbart sein (bei Grunddienstbarkeiten) D. 8.3.5,1 u. a.
praedium	Grundbesitz, Landgut
praedium dọminans	herrschendes Grundstück (bei den Grunddienstbarkeiten; Berechtigter ist der jeweilige Eigentümer des herrschenden Grundstücks)
praedium sẹrviens	dienendes Grundstück (bei den Grunddienstbarkeiten; Verpflichteter ist der jeweilige Eigentümer des dienenden Grundstücks)
praedo	bewaffneter Räuber; gewaltsamer Besitzerwerber
praeẹmptio	Vorkauf
praeiudịcium	Vor-Urteil (eines höheren Gerichts als Maß-

stab für spätere Entscheidungen); auch eine zu entscheidende Vorfrage für den anhängigen Prozeß

praelạtus — Inhaber höherer Kirchenämter

praelạti nullịus — vom Bischof unabhängige Kirchenobere

praemịssis praemittẹndis — nach Vorausschickung des Vorauszuschikkenden (nämlich des Titels, der Anrede)

praemonịtio — Warnung; Vorerinnerung

praeparạtio mediọrum — Vorbereitungshandlung

praepọsitus — Vorgesetzter; Propst

praerogatịva — Vorwahl, Vorrecht, Vorzug

praescrịpta vẹrba — (für die Klage) wesentliche Tatsachen

praescrịptio — Voranstellung; besonderer Vorbehalt; Einwendung, Einrede, besonders die der Verjährung und Ersitzung; später auch direkt für Verjährung und Ersitzung gebraucht; Kriminalverjährung im Sinne von Strafverfolgungsverjährung

praescrịptio acquisitịva — erwerbende, Rechte begründende Verjährung

Praescrịptio dọrmit — Die Verjährung schläft (sie ist gehemmt, die Verjährungszeit ruht – gemeines Recht)

praescrịptio extinctịva — erlöschende, Rechte aufhebende Verjährung

praescrịptio immemoriạlis — Immemorialverjährung, unvordenkliche Verjährung

Praescrịptio interrụmpitur	Die Verjährung wird unterbrochen (die laufende Verjährung wird beendet, nach Beseitigung des Unterbrechungsgrundes beginnt eine neue Verjährung) C. 7.39.7,5
praescrịptio lọngi tẹmporis	Erwerb von Eigentum durch fortgesetzten Besitz in gutem Glauben (Ersitzungsform des römischen Rechts)
praescrịptio mendạcii	Einrede der Lüge, der Vorspiegelung falscher Tatsachen
praescrịptio tẹmporis	Anspruchsverjährung
praesentạtio	Präsentation, Vorlegung (eines Wechsels)
praesentạtum (praes.)	vorgelegt (bei einem Schriftstück)
praesụmptio	Rechtsvermutung, Mutmaßung (gesetzliche Anweisung, unter bestimmten Voraussetzungen eine Tatsache für wahr zu halten)
praesụmptio fạcti	Erfahrungssatz, nach dem beim Vorliegen einer Tatsache eine andere für mehr oder weniger wahrscheinlich gehalten wird
praesụmptio iụris	gesetzlich vorgesehene Vermutung (Gegenbeweis ist zugelassen)
praesụmptio iụris et de iụre (contrạriam probatiọnem non admịttens)	Vermutung des Rechts und von Rechts wegen (Gegenbeweis ist ausgeschlossen) c. 30 X de spons. 4.1
praesụmptio Muciạna	zugunsten des Gläubigers des Ehemannes wird vermutet, daß die im Besitz der Eheleute befindlichen Sachen dem Mann gehören

praesụmptio pro rẹge	die Vermutung (spricht) für den König (Grundsatz des Absolutismus und der konstitutionellen Monarchie)
praeter lẹgem	neben dem Gesetz, neben dem gesetzten Recht (z. B. das Gewohnheitsrecht)
praeter prọpter (p. p.)	fast genau, ungefähr
praetextus	Vorwand
praetor	römischer Gerichtsmagistrat
Praetor ẹligat idoneiọrem	Der Praetor (Richter) wähle den geeigneteren (unter mehreren Klägern aus) D. 47.23.2
Praetor ius dịcere pọtest, fạcere non pọtest	Der Praetor (Richter) kann Recht sprechen, (aber) nicht Recht setzen (römischer Rechtsgrundsatz)
praevaricạtio	Untreue, Amtsuntreue
praevaricạtio imprọpria	Untreue des Sachwalters
praevaricạtio prọpria	Bestechung des Anklägers
praevẹntio	das Zuvorkommen mit einer Rechtshandlung; Vorbeugung
precạrio	bittweise, auf Widerruf
precạrium	tatsächliche Leihe bei beliebigem Widerruf (die freiwillige widerrufliche Besitzübertragung einer Sache auf einen anderen)
prẹtium	Preis, Geld; Belohnung

prẹtium iụstum	gerechter Preis
prẹtium virginitạtis	Morgengabe als Zeichen des vollzogenen Beilagers
prịma fạcies	erster Anschein (Prima-facie-Beweis = durch den ersten Anschein)
primạtus	nach katholischer Lehre die oberste Kirchengewalt des Papstes
Prịmi mọtus non sunt in potestạte nọstra	Die ersten (verbrecherischen) Gedanken gehören nicht in unseren Machtbereich (sie sind straflos – Legisten)
primogenitụra	Erstgeburtsrecht (mittellateinische Form; klassisch: primogẹnita [-ọrum])
prịmo lọco	an erster Stelle
prịmus acquịrens	erster Lehnserwerber (der Familie)
prịmus ịnter pạres	der Erste unter Gleichen
prịnceps	der Erste; Urheber, Haupt, Vorgesetzter, der Vornehmste; Fürst
prịnceps delịcti	Angreifer
Prịnceps lẹgibus solụtus	Der Fürst ist von den Gesetzen befreit (er schafft sie, unterliegt ihnen aber nicht) D. 1.3.31
Princịpiis obsta!	Wehre(t) den Anfängen! (sträube dich von Anfang an)
priọritas	Priorität, Zuvorkommen, Vorrang im Recht durch Zeit; Vorzug (Prioritätsrechte = Vorzugsrechte)

prịor lǫco pǫtior iụre	früher am Ort, stärker im Recht (die Reihenfolge der Eintragung in ein Register entscheidet)
prịor tęmpore pǫtior iụre	früher in der Zeit, stärker im Recht (wer zuerst kommt, mahlt zuerst)
privạtim	besonders; geheim
privạtio	Beraubung
privạtio benefịcii	Verlust des Kirchenamtes
privilęgium	Vor- oder Sonderrecht, von der Regel abweichendes Recht
privilęgium canǫnis	Klerikerprivileg, wonach der Angriff auf einen Tonsierten automatisch den Bann nach sich zieht
privilęgium causae	bevorzugte Befriedigung bestimmter Forderungen im Konkurs
privilęgium de non alięndo ab impęrio	Vorrecht (der Reichsabteien), nicht vom Reich veräußert zu werden
privilęgium de non appellạndo	Befreiung vom Appellationsrecht an den König (die letzte Instanz lag im Territorium) → ius de non …
privilęgium de non evocạndo	Befreiung vom Evokationsrecht des Königs (eine Rechtssache durfte nicht an das königliche Gericht gezogen werden, die erste Instanz lag im Territorium)
privilęgium exigęndi	bevorzugte Befriedigung bestimmter Gläubiger im Konkurs
privilęgium favorạbile	für eine Gruppe oder Gattung günstigere Rechtsregelung

privilęgium immunitạtis	Befreiung der Kleriker von allen öffentlichen Ämtern
privilęgium odiọsum	für eine Gruppe oder Gattung ungünstigere Rechtsregelung
privilęgium Paulịnum	Berechtigung zum Aufkündigen der Ehe von Ungetauften durch den Christ werdenden Teil
pro ạnno (p. a.)	fürs Jahr
pro ạrrha	als Angeld, als Vorschuß
Probạre dębet, qui dịcit, non qui nęgat	Beweisen muß, wer behauptet, nicht wer leugnet – D. 22.3.2
probạtio	Beweis durch Zeugen oder Urkunden; Beweisgrund, Beweismittel; Billigung, Genehmigung
probạtio accusatiọnis	Anschuldigungsbeweis
probạtio diabọlica	teuflischer Beweis (der Eigentumsbeweis)
probạtio excusatiọnis	Entschuldigungsbeweis
probạtio in aetęrnam memọriam	Beweis zum ewigen Gedächtnis; Beweissicherung, Sicherung eines Beweismittels, das verlorenzugehen droht
probạtio pro exonerạnda conscięntia	Gewissensvertretung (Beweis nicht durch zugeschobenen Eid, sondern mit Hilfe anderer Beweismittel führen)
Probạtum est	Es hilft
prọbi vịri	Mitglieder des Schiedsgerichts in Italien
pro bọno pụblico	für das gemeine Wohl

procẹssus	Fortgang, Fortschritt, Prozeß
procẹssus executịvus	Exekutivprozeß (z. B. Wechselprozeß)
procẹssus simultạneus	grundsätzlich gemeinsame Verhandlung und Entscheidung von (Vor-) Klage und Widerklage
proclamạtio	Ausrufung
procurạtio	Auftragsbesorgung; Geschäftsführung; Prozeßführung
procurạtor	Prokurator, Geschäftsführer, Verwalter; Prozeßvertreter; bevollmächtigter Vertreter in diplomatischen Diensten
prọdigus	Verschwender
prodọminus	Vertreter des Lehnsherrn
pro dọmo	für das (eigene) Haus, für sich
prodụcta scelẹris	Erzeugnisse des Verbrechens (durch ein Verbrechen entstandene Gegenstände)
profẹssio fịdei	Glaubenseid, Glaubensbekenntnis (das alle Kirchenbeamten ablegen müssen)
profẹssio iụris	Angabe des Geburtsrechts
pro fọrma	nur der Form halber
progẹnitur	Nachkommenschaft
pro herẹde gẹstio	Handlungsweise wie ein Erbe
prohibịtio	Verhinderung, Verbot

prọles	Kind, Nachkomme (daher Proletarier soviel wie derjenige mit den vielen Kindern)
prolocụtor	Vorsprecher im fränkischen Gerichtsverfahren
pro memọria	zum Gedächtnis, Promemoria, Denkschrift; Eingabe
promịssio	Versprechen
promissọrium	schriftliche Zusage
pro mọrtuo	für tot (erklären)
promọtio	Beförderung, Erfolg, Promotion
promọtor iustịtiae	Anklagevertreter im kanonischen Prozeß
promulgạtio	öffentliche Bekanntmachung eines Gesetzes oder Gesetzentwurfs; eigentlich Erklärung über die Verfassungsmäßigkeit eines Gesetzes
pronuntiạtio	Richterspruch über das Bestehen oder Nichtbestehen eines bestimmten Zivilrechtsverhältnisses (z. B. über das Eigentum an einer Sache)
pro pạtria	fürs Vaterland
propịnquitas	Nachbarschaft; Verwandtschaft
proposịtio	Vorschlag, Antrag, Zusammenfassung der Regierungsvorlagen; Tatbestand
propọsitum	Vorsatz, Absicht, Plan
prọpria auctoritạte	aus eigener Machtvollkommenheit

prọpria causa	in eigener Angelegenheit
prọpria mạnu	eigenhändig
propricịdium	Selbstmord
proprietạrius	Eigentümer einer Sache
proprịetas	Eigentum
prorogạtio	Hinausschiebung, Verlängerung, Verschiebung
prorogạtio fọri	Gerichtsstandsvereinbarung
prorogạtio impẹrii	Hinausschiebung der Amtsgewalt (der römischen Magistrate durch Übernahme der Verwaltung einer Provinz nach ihrer Amtsperiode)
proscrịptio (p. impẹrii)	Acht (Reichsacht)
proscrịptio bonọrum	Bekanntgabe der Einweisung eines Gläubigers in das Vermögen des Schuldners, damit andere Gläubiger beitreten können (römisches Konkursverfahren)
protẹctio	Schutz; Schutzherrschaft, Protektorat
Protẹctio non insọlvit subiectịonem	Schutzherrschaft bedeutet keine Unterwerfung (völkerrechtlicher Grundsatz)
protestạtio	Einspruch, Widerspruch, Verwahrung gegen eine Schlußfolgerung aus konkludenter Handlung; Vormerkung im Grundbuch als öffentliches Zeugnis; Wechselprotest, öffentliche Beurkundung gewisser für das Schicksal des Wechsels rechtserheblicher Tatsa-

	chen; Seeprotest, amtliche Aussage von Schiffer und Mannschaft über einen Unfall von Schiff oder Ladung auf See
protestạtio fạcto contrạria	unwirksame Protestation, weil die vorgenommene konkludente Handlung keine andere Deutung als die stillschweigende Willenserklärung zuläßt
protestạtio pro conservạndis exceptiọnibus	Widerspruch gegen die Unrichtigkeit des Grundbuchs, die ein schon bestehendes dingliches Recht gefährdet
protestạtio pro conservạndo iụre et lọco	Vormerkung zugunsten eines obligatorischen Anspruchs auf Eintragung eines dinglichen Rechts
protocọllum actọrum	von Termin zu Termin fortgesetztes Protokoll über den Verlauf des mündlichen Verfahrens
protonotạrius civitạtis	Stadtschreiber
pro tọto	fürs Ganze
proveniẹntia	Herkunft
providẹntia	Vorsicht, Umsicht, Fürsorge
provịsio	Vergütung (z. B. im Wechselrecht); Verleihung eines Amtes (Kirchenrecht)
provịsor impẹrii	Reichsvikar
provisọrium	einstweilige Verfügung; vorläufiger Zustand
provocạtio (ad agẹndum)	Anrufung, Herausforderung; an einen einzelnen gerichtete Aufforderung zur Klageerhebung (gemeines Recht)

proxenęta	Handelsmakler
proxenęticum	Maklerlohn
prudęntes	Rechtsgelehrte der älteren (römischen) Zeit
p. s.	→ post scriptum
pubęrtas	Minderjährigkeit
publicątio	Veröffentlichung, Bekanntmachung; Verkündung eines Urteils, eines Gesetzes
publicitas	Publizität, Öffentlichkeit; Offenkundigkeit
p. u. c.	post urbem conditam → ab urbe condita
punctątio	Vertragsentwurf; Vorvertrag; Punktation
pųnctum sąliens	der springende Punkt, der entscheidende Gesichtspunkt
purgątio	Reinigung (vom Verdacht eines Verbrechens)
purgątio mǫrae	Aufhören des Verzuges durch Anbieten der geschuldeten Leistung
purgatǫrium	Reinigungseid
purificatǫria	Läuterungsurteil
pųrus pųtus	einer, der nur sein Fach, sonst nichts versteht (herabwürdigend: Fachidiot)

Q

quạdruplex iudịcium das Plenum des römischen Gerichtshofes der centumviri (Hundertmänner), das durch die vier sonst selbständigen Senate gebildet wurde

Quae ad agẹndum sunt temporạlia ad excipiẹndum sunt perpẹtua Zeitlich begrenzte Klageforderungen können als Einrede dauernd geltend gemacht werden

Quae non sunt sịmulo, quae sunt ẹa dissimulạntur Was nicht vorhanden ist, täusche ich vor, was vorhanden ist, verschleiere ich (das Scheingeschäft gilt nicht, das verdeckte Rechtsgeschäft kann u. U. gelten)

Quae sit ạctio? Welches ist der klagbare Anspruch?

quaestio Frage; Untersuchung, Erörterung; Folter im Beweisverfahren

quaestio Domitiạna sprichwörtlich für „dumme Fragen“

quaestio fạcti Tatfrage

quaestio iụris Rechtsfrage

quaestio praeiudiciạlis Vorfrage

quaestor sạcri palạtii Justizminister in spätrömischer Zeit

qualificạtio Beilegung oder Besitz einer Eigenschaft; im Internationalen Privatrecht Einordnung in das Rechtssystem

Quạlis rex, tạlis grex Wie der König, so die Herde; wie der Herr, so der Knecht

qua mandatarius	als Beauftragter
quantum possessum, tantum praescriptum	soweit Besitz, soweit Ersitzung (die Ersitzung erstreckt sich nicht auf nichtbesessenes Zubehör)
quarta Falcidia	Falcidisches Viertel (dem Erben muß ein Viertel der Erbschaft frei von Belastungen bleiben) → lex Falcidia
quasi	gleichsam
quasiaffinitas	Verlobung mit (einem oder einer) anderen als Ehehindernis (kanonisches Recht)
quasicontractus	vertragsähnliches Verhältnis, genauer: obligatio quasi ex contractu
quasidelictum	Quasidelikt, deliktsähnlicher Tatbestand, genauer: obligatio quasi ex delicto
quasidesertio	grobe Eheverfehlung
quasi per inspirationem	gleichsam durch Eingebung (anstatt durch gründliches Überlegen)
quasipossessio	besitzähnliches Verhältnis zu unkörperlichen Sachen, d. h. zu Rechten
quasitraditio	übergabeähnliche Handlung
quasiususfructus	uneigentlicher Nießbrauch an verbrauchbaren Sachen und Rechten
quatuor doctores	die vier berühmten Schüler des Rechtslehrers Irnerius: Bulgarus, Martinus, Jacobus und Hugo (um 1150)
q. b. f. f. s.	→ quod bonum felix faustumque sit

q. e.	→ quod est
q. e. d.	→ quod erat demonstrandum
querẹla	Querel, Beschwerde, Klage, Rechtsbehelf
querẹla inofficiọsi donatiọnis et dọtis	Rechtsbehelf zur Rückgewähr übermäßiger unentgeltlicher Zuwendungen des Erblassers, durch die der Pflichtteil geschmälert wurde
querẹla inofficiọsi testamẹnti	Rechtsbehelf des lieblosen Testaments (er sichert den Pflichtteilsberechtigten den vollen gesetzlichen Erbteil zu – Noterbrecht)
querẹla non numerạtae	Beschränkung der Beweiskraft des Darlehensschuldscheins (Einwand, daß Hingabe des Darlehens unterblieben ist)
querẹla nullitạtis	Nullitätsquerel, Nichtigkeitsbeschwerde wegen heilbarer Nichtigkeiten
querẹla protrạctae vel denegạtae iustịtiae	Beschwerde beim Reichskammergericht wegen verzögerter oder verweigerter Rechtspflege
querẹla sịmplex	einfache Beschwerde
querẹla solụtae pecụniae	Beschränkung der Beweiskraft der Quittung
Quịa qui pạrum deligẹntem sịbi sọcium acquịrit, de se quẹri dẹbit	Wer sich seinen Sozius mit wenig Sorgfalt aussucht, muß sich über sich selber beklagen
quịdam	ein Gewisser (namentlich nicht Genannter)

Qui dẹlegat, sọlvit	Wer überweist, zahlt, wer anweist, zahlt (aber die Schuldbefreiung tritt erst mit Eingang der Zahlung beim Gläubiger ein)
quid iụris	was ist rechtens, was rechtens ist
Qui dọlo dẹsiit possidẹre, pro possidẹnte damnạtur, quịa pro possessiọne dọlus est	Wer eine fremde Sache in Kenntnis oder grob fahrlässiger Unkenntnis darüber, daß sie nicht sein Eigentum ist, vor Prozeßbeginn veräußert oder vernichtet, wird als Besitzender verurteilt, weil die böse Absicht statt des Besitzes gilt – D. 50.17.131
Quịdquid ạgis, prudẹnter ạgas et rẹspice fịnem	Was du auch beginnen wirst, beginne es klug und bedenke das Ende (Sirach 7.40)
Quịdquid est in territọrio, est de territọrio	Was im Territorium geschieht, wird nach den Gesetzen des Territoriums geahndet (Territorialitätsprinzip)
Quịdquid non agnọscit glọssa, nec agnọscit cụria	Was die Glosse (→ glossa) nicht anerkennt, erkennt auch das Gericht nicht an (die nicht wissenschaftlich bearbeiteten Teile des → Corpus iuris civilis wurden in Deutschland auch nicht rezipiert)
Quiẹta non movẹre	Ruhendes soll man nicht bewegen (vorschnelle Veränderungen schaden nur)
Qui excịpit, non fatẹtur	Wer eine Einwendung vorbringt, gibt (damit) nicht zu erkennen (daß er das Klagevorbringen als berechtigt ansieht – gemeines Recht)
Qui iụre sụo ụtitur, nẹminem laedit	Wer von seinem Recht Gebrauch macht, schädigt niemanden – D. 50.17.55

Quịlibet stạtus tạntum pọtest in sụo territọrio quạntum imperạtor in impẹrio	Jeder Stand vermag in seinem Territorium so viel wie der Kaiser im Reich (von der Kanonistik seit dem 12. Jh. entwickelt)
Qui lịti se obtụlit, cum rem non possidẹret, comdemnạtur	Wer sich, ohne die Sache zu haben, (als Besitzer ausgibt und) auf den Prozeß einläßt, wird (dort als Besitzer) verurteilt – D. 5.3.45
Qui nẹgligit cẹnsum, pẹrdat ạgrum	Wer den Zins versäumt, verliert den Acker (das Zinsgut – gemeines Recht)
Qui pọssidet dọminus esse praesụmitur	Wer besitzt, (von dem) wird vermutet, der Eigentümer zu sein (Placentinus in Auslegung von C 4,19,2 und 4,19,12)
Quịsque suọrum verbọrum ọptimus ịnterpres	Jeder kann seine Worte am besten selber erklären
Quịsquis praesụmitur bọnus (nịsi contrạrium probẹtur)	Von jedem setzt man voraus, daß er redlich ist (wenn nicht das Gegenteil bewiesen wurde)
Qui tạcet, consẹntit (consentịre vidẹtur)	Wer schweigt, gibt zu (pflegt zuzustimmen) (es ist die Ausnahme von der Regel, daß Stillschweigen Ablehnung bedeutet) c. 43 de R. I. in VI°
Quịvis praesụmitur bọnus	Der gute Glaube wird vermutet
quọad domịnum	zu Eigentum (werden die Einlagen der Gesellschafter eingebracht)
quọad ụsum	zur Nutzung (der Gesellschaftereinlagen)

Quod ab inịtio vitiọsum est, trạctu tẹmporis convalẹscere non pọtest	Was von Anfang an unwirksam ist, wird nicht im Verlaufe der Zeit wirksam (Catonianische Regel [→ regula Catoniana], geht zurück auf den Juristen M. Portius Cato Licianus [um 160 v. u. Z.]) D. 50.17.29
quod bọnum fẹlix faustụmque sit (q. b. f. f. s.)	was gut, glücklich und günstig sein möge (gelehrsamer Glückwunsch)
quod Dẹus bẹne vẹrtat	was Gott gut fügen möge
quod ẹrat demonstrạndum (q. e. d.)	was zu beweisen war
quod est (q. e.)	was bedeutet
Quod est in mụndo, sit in ạctis	Was in der Welt (über das Verbrechen) vorhanden ist, soll Gegenstand der Verhandlung sein
quod fẹlix faustum fortunạtum sit	was glücklich, günstig und gesegnet sein möge
Quod iụre?	Mit welchem Recht?
Quod lịcet Iọvi, non lịcet bọvi	Was Jupiter erlaubt ist, ist nicht dem Ochsen erlaubt (wenn zwei das gleiche tun, so ist es nicht dasselbe)
Quod non est in ạctis, non est in mụndo	Was nicht in den Akten steht, ist nicht in der Welt (bis 1879 Prozeßgrundsatz in Zivilsachen; jetzt: Quod non est actum, non est in mundo = was im Zivilverfahren nicht mündlich vorgetragen wurde, ist nicht vorhanden)
Quod nụllum est, rescissiọne non ẹget	Was nichtig ist, bedarf nicht der Aufhebung

Quod prịncipi plạcuit, lęgis hạbet vigǫrem	Was dem Fürsten gefällt, hat Gesetzeskraft (dieser römischrechtliche Grundsatz wurde zur Rechtfertigung des Absolutismus herangezogen) D. 1.4.1; I. 1.1.6
Quod sịne dię debętur, stạtim debętur	Was ohne Frist geschuldet wird, wird sofort geschuldet – entsprechend D. 50.17.14
quǫrum	von welchem (festgelegte Verhältniszahl zu einem Ganzen, zur Beschlußfassung vorgeschriebene Mindestanzahl von Mitgliedern eines Gremiums); Anfangswort in der Bestallungsurkunde der englischen Friedensrichter
quǫta (pars)	der wievielte (Teil), die Quote
quǫta lịtis	der wievielte Teil des Streitgegenstandes (das sogenannte Erfolgshonorar für Anwälte, heute verboten) → pactum de quota litis
quot cạpita, tot sęnsus	soviel Köpfe, soviel Sinne
quot causae, tot obligatiǫnes	soviel Rechtsgründe, soviel Verbindlichkeiten
quot generatiǫnes, tot grạdus	wieviel Zeugungen, soviel Grade (der Verwandtschaftsgrad richtet sich nach der Anzahl der ihn vermittelnden Zeugungen, Geburten)
quot hǫmines, tot sentęntiae	wieviel Menschen, soviel Ansichten

R

rabulịsta, rạbula	Rabulist, Zungendrescher, ränkevoller Jurist
rapịna	Sachraub, Diebstahl unter Anwendung von Gewalt gegen die Person
rạptus	Menschenraub, speziell Frauenraub in der Absicht geschlechtlicher Befriedigung
ratificạtio	Ratifizierung, Genehmigung, Bestätigung eines völkerrechtlichen Vertrages durch das verfassungsmäßig berufene Organ
ratihabịtio	Genehmigung (eines Rechtsgeschäfts)
Ratihabịtio mandạto comparạtur	Die Genehmigung wird dem Auftrag gleichgesetzt – D. 46.3.12,4; bei Verbrechen D. 50.17.152,2
ratiocinạtio	Vernunftsschluß
ratiocịnium	Rechnungsführung, Rechnung
rạtio decidẹndi	Entscheidungsgrund
rạtio lẹgis	Grund, Absicht, Zweck des Gesetzes, genauer: Absicht des Gesetzgebers
rạtio scrịpta	die geschriebene Vernunft (Bezeichnung für das römische Recht)
raudụsculum, rudụsculum	Erzbarren als Frühform des (römischen) Geldes
reạliter	wirklich
reassụmtio lịtis	Aufnahme und damit Fortgang des Prozesses (durch die Erben einer Prozeßpartei)

reạtus Anklagezustand

rẹbus sic stạntibus → clausula rebus sic stantibus

receptạtio Begünstigung; später auch Hehlerei

recẹptio Aufnahme, Rezeption (z. B. des wissenschaftlich bearbeiteten römischen Rechts in Deutschland und in anderen europäischen Staaten); auch Aufnahme internationaler Vereinbarungen in die innerstaatliche Gesetzgebung

receptịtium Vermögen der Ehefrau, an dem sie dem Ehemann keinen Nießbrauch und keine Verwaltung eingeräumt hat

recẹptum Aufnahme, Übernahme

recẹptum ạrbitri Schiedsrichtervertrag

recẹptum argentariọrum Versprechen eines Bankiers, für Rechnung eines anderen eine Summe oder Sache zu leisten

recẹptum caupọnum Gastwirtsvertrag (die Aufnahme von Sachen eines Reisenden durch den Gastwirt begründet ein Schuldverhältnis, aus dem der Gastwirt ohne Rücksicht auf eigenes Verschulden für die Entwendung oder Beschädigung der Sachen haftet)

recẹptum nautạrum Schiffervertrag (Erklärung wie → receptum cauponum)

recẹptum stabulariọrum Stallwirtsvertrag (Erklärung wie → receptum cauponum)

recẹssus Zurückgehen, Rücktritt, Scheiden; Auseinandersetzung; Vergleich, Vertrag

recęssus impęrii	Reichsabschied, seit 1663 Reichsschluß (Urkunde, in der am Schluß des Reichstages sämtliche Beschlüsse verzeichnet wurden)
recęssus impęrii novịssimus	jüngster Reichsabschied (von 1654)
reclamạtio	Einspruch, Beschwerde
reclamạtio uxọria	Einspruch der Ehefrau gegen Verfügungen des Mannes über das gemeinsame Vermögen
recognịtio	Wiedererkennen (von Sachen oder Personen durch Vorlegen von Beweisen vor Gericht)
reconvęntio	Widerklage
Reconvęntio reconventiọnis non dạtur	Eine Widerklage gegen eine Widerklage ist nicht statthaft (Kommentatoren)
ręcta vịa	geradewegs
recuperạtio	Wiedererlangung; Rechtsschutz (für Fremde)
recuperatọres	Geschworene im kollegialen Schiedsgericht für Streitigkeiten zwischen Römern und Fremden (→ peregrinus), später für alle schnell zu erledigenden Rechtsfälle
recụrsus	Rückgriff, Regreß
recụrsus ab ạbusu	Berufung an die weltliche Macht bei Mißbrauch der geistlichen Gewalt
recusạtio	Ablehnung (eines Richters)
redęmptio	Rückkauf, Loskauf (der Gefangenen), Befreiung

referendạrius	Berichterstatter; später Vorsteher der königlichen Kanzlei; zuletzt Jurist nach der ersten Staatsprüfung
reformạtio in pẹius	Abänderung ins Schlechtere (Urteilsänderung zum Nachteil des Anfechtenden)
refụgium	Zufluchtsort
refụsis expẹnsis	nach Verurteilung in die Kosten
refutạtio	Widerlegung; Lehnsaufkündigung
regạlia	Regalien, Hoheitsrechte, im engeren Sinne nutzbare Hoheitsrechte; die weltlichen Güter und Einkünfte der Erz- und Hochstifte
regẹsta	Urkundenverzeichnisse
Rẹgis volụntas suprẹma lex	Des Königs Wille (ist) oberstes Gesetz (Absolutismus)
rẹgnum	Reich, Regierung, Herrschaft
regrẹssus per grạdum	Staffelregreß (Haftung des bisherigen Gläubigers nur gegenüber seinem Nachmann)
regrẹssus per sạltum	Sprungregreß (Haftung des Wechsel- oder Scheckindossanten gegenüber jedem Nachmann)
rẹgula Catoniạna	→ Quod ab initio vitiosum est, tractu temporis convalescere non potest
rehabilitạtio	Wiedereinsetzung in frühere Rechte
rẹi vindicạtio	Beanspruchung einer Sache (Geltendmachung des Eigentumsherausgabeanspruchs durch den nichtbesitzenden Eigentümer gegenüber dem besitzenden Nichteigentümer)

Relạta rẹfero	Ich berichte Erzähltes (nicht Erlebtes – Einschränkung der Glaubwürdigkeit des Mitgeteilten)
relạtio	Bericht der unteren an die obere Behörde; Mitteilung eines Reichstagskollegiums an das andere über die gefaßten Beschlüsse
relạtio ạnte sentẹntiam	Anfrage des Richters vor dem Urteil (an den Kaiser zur Entscheidung durch ein Reskript → rescriptum)
relegạtio	Relegation, Verweisung (von einer Schule, Hochschule); Ausweisung (aus einem Gebiet)
relocạtio tạcita	stillschweigende Verlängerung eines an sich abgelaufenen Miet- oder Pachtverhältnisses
remancipạtio	Rückübertragung des Eigentums an einer Sache nach Erlöschen der Forderung
remẹdium	Rechtsbehelf, Rechtsmittel
remịssio	Strafminderung, Straferlaß; Erlaß einer Schuld; Aufhebung eines Rechts, einer Berechtigung
remịssio iurisiurạndi	Erlaß der Eidesleistung (durch den Prozeßgegner)
remịsso mercẹdis	Pachtzinsnachlaß bei Mißernte
remịttens (-ẹntis)	Rücksender; Remittent, Wechselnehmer (derjenige, zu dessen Gunsten ein Wechsel ausgestellt wird)
remọtio	Entfernung aus einem Amt

remunerạtio	Belohnung für geleistete Dienste (im Gegensatz zum Gehalt)
renovạtio	Erneuerung; beim Wechsel Verlängerung
renovạtio impẹrii	Erneuerung des (römischen) Reiches (Schlagwort der mittelalterlichen Politik)
renumerạtio	Rückzahlung
renunciạtio	Verzichtsleistung; Aufkündigung
Repetịtio est mạter studiọrum	Die Wiederholung ist die Mutter der Studien
repetịtio rẹrum	Forderung nach Genugtuung (für Rom vor Eröffnung der Kampfhandlungen gegen den Feind)
replịca dọli generạlis	Wirksamkeit eines an sich nichtigen, u. U. sittenwidrigen Rechtsgeschäfts mit Rücksicht auf Treu und Glauben
replicạtio	Replik, Erwiderung auf eine Einrede, Gegeneinrede
reponạntur ạcta, cassẹntur …	weglegen, vernichten … (folgt die Jahreszahl – früherer Aktenvermerk)
repraesentạtio	Stellvertretung
repressạlia	Maßnahmen zur Vergeltung von Unrecht zwischen zwei Staaten
reprẹssio	Bestrafung begangener Verbrechen
reprobạtio	Gegenbeweis
Reprobạtio reprobatiọnis non dạtur	Gegenbeweis gegen den Gegenbeweis wird nicht gegeben (gemeines Recht)

repudiạtio	Verschmähung; Ausschlagung eines Vermächtnisses
repụdium	einseitige Aufkündigung der Ehe (römisches Recht)
repụdium dịcere	die Scheidung aussprechen
requisịtio	Nachsuchung; Rechtshilfeersuchen
res	Sache
Res accessọria sẹquitur rem principạlem	Die Nebensache folgt der Hauptsache → Accessio cedit ...
rescịssio	spätere Aufhebung eines Rechtsgeschäfts (z. B. durch Anfechtung)
res commụnes	→ res omnium communes
res corporạles	körperliche Sachen
rescrịptum	Verfügung
res cum ọmni causa	Sache und Nebenansprüche (bei der Vindikation → vindicatio)
res derelịctae	Sachen, an denen das Eigentum und der Besitz aufgegeben wurde, herrenlose Sachen
res divịdua	teilbare Sache
res divịni iụris	Sachen, die dem Rechtsverkehr aus religiösen Gründen entzogen sind
res dụbiae	zweifelhafte Sachen
res ecclesiạsticae	nicht geweihtes Kirchenvermögen

reservạtio	Vorbehalt bei Abschluß eines Rechtsgeschäfts
reservạtio mentạlis	Mentalreservation (der gedankliche, nicht geäußerte, daher rechtlich bedeutungslose Vorbehalt bei der Willenserklärung)
reservạtum	Rechtsvorbehalt
reservạtum ecclesiạsticum	geistlicher Vorbehalt (die Reichsstände sollten beim Übertritt zum evangelischen Glauben Amt und Gebiet verlieren – Bestimmung des Augsburger Religionsfriedens von 1555)
res ẹxtra commẹrcium	Sache außerhalb des Handels, dem Rechtsverkehr entzogene Sache
res fạctae	unstreitige Tatsachen
res fiscạles	dem Fiskus gehörende Sachen
res fungịbiles	vertretbare Sachen
res furtịvae	durch Diebstahl erlangte Sachen
res hạbiles	(für die Ersitzung) taugliche Sachen
resignạtio	Abdankung
res immọbiles	unbewegliche Sachen (Grundstücke)
res ịntegra	unveränderte Sachlage
res ịnter ạlios ạcta	zwischen anderen erledigte Sache, verhandelte Angelegenheit (Parteien in ihren Beziehungen zu Dritten)
res iudicạta	rechtskräftig entschiedene Sache

Res iudicạta pro veritạte accịpitur	Die rechtskräftig entschiedene Prozeßsache gilt als richtig entschieden – D. 1.5.25; 50.17.207
res litigiọsa	streitige Sache
res mạncipi, res nec mạncipi	anfänglich römischrechtliche Unterscheidung von Sachen, die durch feierlichen Rechtsakt nach → ius civile veräußert werden konnten oder nicht (diese privilegierten Sachen waren der Grundstock des bäuerlichen Vermögens)
res mọbiles	bewegliche Sachen
res non fungịbiles	nicht vertretbare Sachen
res nullịus	herrenlose Sachen
Res nullịus cẹdit occupạnti	Herrenlose Sachen können angeeignet werden – I. 2.1.12
resolụtio	Resolution; abschließende Zusammenfassung einer Aussprache; Meinungsäußerung einer Gruppe; Genehmigung oder Ablehnung des Reichsgutachtens durch den Kaiser
Resolụto iụre dạntis resọlvitur iụre concẹssum	Wenn das Recht des Gebers weggefallen ist, entfällt auch das von ihm bewilligte Recht
res ọmnium commụnes	Sachen, die allen gemeinsam gehören, wie Wasser, Luft usw.
respẹctus parentẹlae	Ehehindernis (nach Kirchenrecht ist zwischen Nichten und Onkeln sowie Neffen und Tanten keine Ehe möglich)
respondẹntia	uneigentliche Bodmerei, spezielles Seedarlehen

respọnsa prudẹntium	juristische Gutachten
respọnsum	Belehrungsurteil
res prestịta	geliehene Sache (allgemein für Leihe)
res privạta	Privatsache, private Rechtssphäre des Bürgers
Res prọpria nẹmini sẹrvit	Die eigene Sache kann nicht als Servitut (für sich selber) dienen – sinngemäß D. 8.2.26 → Nemini res … → Nulli res …
res pụblica	Gemeinwesen, Staat
res pụblicae	Sachen, die dem Gemeinwesen gehören und öffentlichen Zwecken dienen (wie Straßen, Theater, Häfen)
Respụblica Helvetiọrum	Schweizerische Eidgenossenschaft → Confoederatio Helvetica (CH)
res, quae nụmero pọndere mensụra consịstunt	Sachen, welche nach Zahl, Gewicht (und) Maß vorhanden sind (Sachen, die als Mengen gehandelt werden) C̣. 1.3.14 pr.
res, quae tạngi pọssunt	Sachen, die berührt werden können (körperliche Gegenstände)
res, quae ụsu consumụntur vel minuụntur	Sachen, deren Gebrauch im Verbrauch besteht, verbrauchbare Sachen
res religiọsae	Begräbnisstätten (röm. Recht); Güter, die im Eigentum frommer Stiftungen stehen (Kirchenrecht)
res sạcrae	heilige, den Göttern geweihte Sachen, Sachen, die dem kirchlichen Kultus dienen

res sạnctae	geheiligte, von den Göttern befriedete Sachen, nach religiösen Maßstäben als heilig geltende Sachen
res se movẹntes	sich selbst bewegende Sachen (Tiere)
Res sevẹra vẹrum gaudium	Wahre Freude ist eine ernste Sache (Seneca)
Res succẹdit in lọcum prẹtii et prẹtium in lọcum rẹi	Die Sache tritt (bei Sondervermögen) an die Stelle des Preises und der Preis an die der Sache – sinngemäß D. 50.16.14 pr.
restaurạtio	Wiederherstellung eines überlebten Zustandes; Wiedererlangung des Kronbesitzes durch eine vertriebene Dynastie
restitụtio	Aufhebung eines Rechtserfolges sowie die entsprechende Rechtsvorschrift
restitụtio in ịntegrum	Wiedereinsetzung in den vorigen Stand
Restitụtio restitutiọnis non dạtur	Gegen (den Ablauf der Frist zur) Wiedereinsetzung findet keine Wiedereinsetzung statt
Res trạnsit cum sụo ọnere	Die Sache wird mit ihren Belastungen übertragen – D. 30.69.3
restrịctio	Einschränkung, Beschränkung, Vorbehalt
res uxọria	Brautgabe, Mitgift
res vi possẹssae	Sachen, die durch Gewalt in Besitz gebracht wurden
retaliạtio	Vergeltung

retẹntio	Zurückbehaltung, Abzug; Innehabung
retọrsio	Retorsion, Erwiderung einer Beleidigung; Erwiderung auf Anordnungen eines anderen Staates, die gegen die internationale Höflichkeit verstoßen, Vergeltung (Völkerrecht)
retractạtio	erneute Verhandlung
retrạctio	Zurückhalten, Zurückholen; Retraktrecht, Veräußerungsbeschränkung, dingliches Vorkaufsrecht
retrạctus ex iụre cọngrui	gesetzliches Vorkaufsrecht des Grundstückseigentümers im Bergrecht; Teillosung (Vorkaufsrecht bei Teilen eines ehemals einheitlichen Grundstücks)
retrạctus ex iụre incolạtus	Marklosung (Retraktrecht der Markgenossen gegenüber dem Ausmärker, dem nicht Einheimischen)
retrạctus ex iụre vicinitạtis	Nachbarlosung (Retraktrecht der Nachbarn)
retrocẹssio	Retrozession; im Versicherungsrecht Rückversicherung
rẹus	Beklagter, Angeklagter
Rẹus excipiẹndo fit ạctor	Der Beklagte ist hinsichtlich der Einreden in der Situation des Klägers (er ist beweispflichtig) D. 44.1.1
re vẹra	in der Tat, in Wahrheit
revịsio	Revision, Rechtsmittel in Straf- und Zivilsachen zur Nachprüfung des Urteils wegen Formfehlers

revịsio actọrum	Revision gegen Urteile des Reichskammergerichts
revịsio in iụre	Prüfung der rechtlichen Seite der Gerichtsentscheidung in der Revision
revịsio monitọrum	Überarbeitung des Entwurfs eines Allgemeinen Gesetzbuches für die preußischen Staaten aufgrund der zahlreich eingegangenen monita (→ monitum)
revocạtio	Zurückberufung; Widerruf
revocatọrium	Rückberufungsschreiben
Rex non mọritur	Der König stirbt nicht (die Nachfolge ist durch die Familie gesichert, Grundsatz der Erbmonarchie)
Rex rẹgnat sed non gubẹrnat	Der König herrscht, aber regiert nicht
ridẹndo dịcere vẹrum	lachend die Wahrheit sagen (Horaz)
rịgor cambiạlis	Wechselstrenge (strenge Haftung aus dem Wechsel)
rigorọsum (exạmen)	strenge Prüfung; Doktorprüfung
rịte	in gehöriger Weise (Prädikat beim Promotionsverfahren)
rịxa	Streit (Zank bis zur Tätlichkeit)
roborạtio	Bekräftigung einer Urkunde durch Unterschriften und Siegel

rogạtio Ersuchen; Einbringen eines Gesetzesvorschlages

Rọma locụta, causa finịta Rom hat gesprochen, die Sache ist entschieden (es gibt nichts mehr zu tun) – sinngemäß schon bei Augustinus, aber in dieser Form erst im 18. Jh. gebraucht

rọta Romạna Justizbehörde bei der römischen Kurie

rọtulus Verzeichnis; Aktenverzeichnis; Zusammenfassung von Urkunden

rụbrum das Rote (weil ehemals mit roter Tinte geschrieben), die Bezeichnung der Parteien und des Gerichts in der Klageschrift und im Urteil; kurze Inhaltsangabe als Aufschrift bei Aktenstücken

rufiạna Kupplerin

S

sacculạrius	Taschendieb
sacẹrdos	Priester
sacerdọtium	Priesteramt
sacrilẹgium	Kirchenraub; Frevel gegen geweihte Personen, Orte und Dinge
Sạcrum Romạnum Impẹrium Natiọnis Germạniae	Heiliges Römisches Reich Deutscher Nation (seit 1157 Sacrum Imperium, seit 1254 Sacrum Romanum Imperium, seit Mitte des 15. Jh. Zusatz Deutscher Nation)
saevịtia	Wildheit; grobe Mißhandlungen
Sạlus pọpuli (pụblica) suprẹma lex ẹsto	Das Wohl des Volkes (das öffentliche Wohl) soll das höchste Gesetz sein (Cicero)
salụtem plụrimam dịcit (S.P.D.)	sagt besten Gruß (Anredeform)
sạlva approbatiọne, ratificatiọne	unter Vorbehalt der Genehmigung
sạlve	sei gegrüßt
sạlvo iụre	unbeschadet des Rechts (einer Person)
sạlvo iụre Sạxonum	unbeschadet des sächsischen Rechts (die salvatorische Klausel → clausula salvatoria)
sạlvus condụctus	sicheres Geleit
sạnctio	Sanktion; Weihe; Genehmigung, Bestätigung eines Beschlusses oder Vertrages; Ertei-

	lung der Gesetzeskraft; Zwangsmaßnahmen gegen einen Staat
sạnctio lẹgis	Bestimmung über die Folgen einer Gesetzesübertretung
sạnctio pragmạtica	Gesetz über Angelegenheiten von öffentlichem Interesse
sạnctum offịcium	Heiliges Offizium (heiliger Dienst)
Sạnctum Offịcium	Kardinalskongregation zur Reinhaltung des Glaubens und zur Bekämpfung der Häresie
Sạpere aude!	Wage es, weise zu sein! (Horaz)
sapiẹnti sat	für den Verständigen genug (es bedarf keiner weiteren Erklärung)
sạtio et implantạtio	die Saat gehört mit dem Säen, die Pflanze mit der Wurzelung dem Grundstückseigentümer
satisdạtio	Sicherheitsleistung
satisfạctio	Genugtuung, Ehrenerklärung; Strafe
sạtis supẹrque	genug und übergenug, mehr als genug
SC	→ senatus consultum
sc.	→ scilicet
scabinạtus	Schöffenamt
scabịnus	Schöffe
scạccum, schạchum	Schachraub (Raub unter bewaffnetem Angriff, Überfall)
scẹlus	Verbrechen

scịlicet (sc.)	nämlich, freilich, versteht sich
Scịre lẹges non hoc est vẹrba eạrum tenẹre sed vim ac potestạtem	Die Gesetze zu verstehen bedeutet nicht, ihren Wortlaut zu erkennen, sondern ihren Sinn und ihre Tragweite – D. 1.3.17
scrịnium	Kanzlei eines Hofbeamten im römischen Kaiserreich
Scrịpta mạnent	Das Geschriebene bleibt
Scrịpta pụblica prọbant se ịpsa	Öffentliche Urkunden beweisen sich selber
scrịptum	Geschriebenes
scrutịnium	Untersuchung, Prüfung, Durchsuchung; bei der Papstwahl die geheime schriftliche Abstimmung, die eine Zweidrittelmehrheit ergeben muß
secẹssio	Sezession, Trennung (auch politische) Absonderung
secretạria apostọlica	Verwaltungsbehörde bei der päpstlichen Kurie für die Versendung von Breven (→ breve)
sẹctae	Rechtsschulen der Prokulianer (Schule des Antistius Labeo) und Sabinianer (Schule des Capito)
secụritas	Sicherheit
secụritas pụblica	Sicherheit des Staates
se de parentịlla tọllere	sich von der Verwandtschaft trennen, Entsippung (deutsches Recht)

sẹdes matẹriae	Sitz der Materie (Gesetzesstelle für die Regelung einer Rechtsfrage)
sẹde vacạnte	Amt, Sitz, speziell bei erledigtem (unbesetztem) Bischofssitz
sedịtio	Aufruhr
segregạtio	Absonderung einer Menschengruppe aus der sozialen Gemeinschaft aus religiösen, ethnischen oder sozialen Gründen (z. B. Apartheid)
sẹmel hẹres, sẹmper hẹres	einmal Erbe, immer Erbe (dieser römische Grundsatz wird heute im Falle der Nacherbschaft durchbrochen)
Sẹmper fur mọram fạcere vidẹtur	Der Dieb befindet sich immer im Verzug – D. 13.1.8,1 → Fur enim semper moram …
sẹmper ịdem	immer dasselbe
senạtus consụltum (SC)	Senatsbeschluß
Senạtus Populụsque Romạnus (S.P.Q.R.)	Senat und römisches Volk
sẹnior	der Ältere
seniorạtus	Erbfolgeordnung, nach welcher der Älteste aus der Familie unabhängig vom Verwandtschaftsgrad das Familiengut übernimmt (Gegensatz → iunioratus)
sẹnsu lạto	im weiten Sinn
sẹnsu strịcto	im strengen Sinn
sentẹntia	Urteil

Sentẹntia a non sụo iụdice lạta nụllam obtịnet firmitạtem	Niemand darf seinem gesetzlichen Richter entzogen werden (kanonisches Recht)
sentẹntia appellatiọne suspẹnsa	durch die Appellation in der Rechtskraft aufgeschobenes Urteil
sentẹntia confirmatọria	das Ersturteil bestätigende Berufungsentscheidung
sentẹntia confọrmis	übereinstimmendes Urteil (aller Instanzen)
sentẹntia nụlla	Nichtigkeit des Urteils
sentẹntia reformatọria	das Vor-Urteil abändernde Berufungsentscheidung
separạta oeconọmia	Begründung eines eigenen Hausstandes (womit nach deutschem Recht die väterliche Gewalt über den Haussohn endigte)
separạtio	Trennung (der Früchte), die zur Eigentumsentstehung führt; Trennung oder Loslösung eines Staatsgebietes zur Verselbständigung oder zum Anschluß an einen anderen Staat
separạtio quọad thọrum et mẹnsam	Trennung von Tisch und Bett (Aufhebung der ehelichen Gemeinschaft ohne Scheidung, da Scheidung nach katholischem Eherecht nicht möglich ist)
separạtio quọad vịnculum	Trennung dem Bande nach, Ehescheidung (erkennt die katholische Kirche nur ausnahmsweise an, die evangelische seit der Reformation)
septenạtus	Zeitraum von sieben Jahren
sequestrạtio	Beschlagnahme oder Übergabe eines umstrittenen Gegenstandes an einen Dritten

	zur vorläufigen Verwaltung; Zwangsverwaltung von unbeweglichem Vermögen
sẹrmo rẹgis	Friedensbann des fränkischen Königs
servịtium rẹgis	Dienst für den König (die dem König zustehende Naturalleistung)
sẹrvitus	Dienstbarkeit (dingliches Recht zur Benutzung fremder Sachen)
sẹrvitus ạctus	Recht, Vieh über das dienende Nachbargrundstück zu treiben und selber mit einem Fahrzeug darüber zu fahren → ius actus
sẹrvitus affirmatịva	Dienstbarkeit, bei der der Eigentümer des belasteten Grundstücks etwas dulden muß
sẹrvitus ạltius non tollẹndi	→ altius non tollendi ...
sẹrvitus aquaedụctus	Recht, über oder durch ein fremdes Grundstück eine Wasserleitung zu führen (Wasserleitungsgerechtigkeit)
sẹrvitus aquaehaustus	Recht, aus der Quelle oder aus dem Brunnen des Nachbarn Wasser zu schöpfen (Wasserschöpfgerechtigkeit)
sẹrvitus cloạcae	Recht, unmittelbar an der Wand des Nachbarn Wasch- und Spülwasser einzuleiten oder ein Behältnis mit Unrat aufzustellen
sẹrvitus contịnua	ununterbrochen ausgeübte Dienstbarkeit
sẹrvitus discontịnua	nur zeitweilig ausgeübte Dienstbarkeit
sẹrvitus fenẹstrae	Recht auf ein Fenster in einer fremden Mauer

sẹrvitus flụminis	Traufgerechtigkeit (Recht, das Regenwasser auf das Nachbargrundstück laufen zu lassen)
sẹrvitus fụmi immittẹndi	Rauchabzugsrecht
Sẹrvitus fụndo ụtilis ẹsse dẹbet	Die Grunddienstbarkeit muß dem herrschenden Grundstück nützlich sein – D. 8.3.5,1
Sẹrvitus in faciẹndo consịstere nẹquit	Eine Grunddienstbarkeit verpflichtet (in der Regel) nicht zu einem positiven Tun (sondern nur zu einem Dulden oder Unterlassen) sinngemäß D. 8.1.15,1
sẹrvitus itịneris	Recht, über ein Nachbargrundstück zu gehen, zu reiten oder sich in einer Sänfte darüber tragen zu lassen
sẹrvitus negatịva	Grunddienstbarkeit, bei der der Eigentümer des dienenden Grundstücks etwas nicht tun darf
sẹrvitus ne lumịnibus officiạtur	Recht der Verwehrung einer Bepflanzung auf dem Nachbargrundstück, welche das eigene Grundstück verdunkeln würde
sẹrvitus ne prospẹctui officiạtur	Recht der Verwehrung jeder Bepflanzung auf dem Nachbargrundstück, welche die eigene Sicht behindern würde
sẹrvitus ọneris ferẹndi	Recht, die Last des eigenen Gebäudes auf Anlagen des Nachbarn ruhen zu lassen mit der Nebenverpflichtung für den Eigentümer des dienenden Grundstücks, die Anlagen zu unterhalten
sẹrvitus pascẹndi	Weiderecht (der Eigentümer des dienenden Grundstücks muß das Weiden der fremden Herde dulden)

servitus pecoris ad aquam appulsus	Recht, das Vieh beim Nachbarn zu tränken (Viehtränkgerechtigkeit)
Servitus per partes retinetur	Die Grunddienstbarkeit erhält sich an den Teilen (Änderung der Miteigentumsverhältnisse am herrschenden sowie am dienenden Grundstück berühren die Grunddienstbarkeit nicht) D. 8.1.8
servitus praediorum rusticorum	Feldservituten
servitus praediorum urbanorum	Gebäudeservituten
servitus proiciendi	Recht, eine Anlage in den Luftraum des Nachbarn ragen zu lassen
servitus protegendi	Recht, ein Wetterdach in den Luftraum des Nachbarn ragen zu lassen
Servitus servitutis esse non potest	An einer Grunddienstbarkeit kann keine Grunddienstbarkeit bestellt werden, sie ist nicht übertragbar – D. 33.2.1 pr.
servitus stillicidii immittendi	Traufrecht (sich die herabträufelnde Feuchtigkeit dienstbar machen zu dürfen und einfließen zu lassen)
servitus tigni immittendi	Recht, einen Balken in die Nachbarwand einzufügen
servitus viae	Recht, über das Nachbargrundstück mit Wagen aller Art zu fahren (Wegerecht)
servitutes iuris Germanici	alte Bezeichnung für die Reallasten
Servitutibus causa perpetuum esse debet	Das dienende Grundstück muß seiner Beschaffenheit nach die dauernde Möglichkeit

	der Servitutsleistung haben – D. 8.2.28
Servitụtibus civịliter utẹndum est	Grunddienstbarkeiten sind mit tunlicher Schonung des dienenden Grundstücks zu benutzen
sẹrvus	Sklave, Knecht, Diener
sẹssio	Sitzung, Sitzungsperiode
sic	so
sicạrius	Lohnmörder, Meuchelmörder, Bandit
Sic trạnsit glọria mụndi	So vergeht der Ruhm der Welt (nach Patricius wird so der neue Papst in der Peterskirche empfangen)
Sic vọlo, sic iụbeo	So will ich, so befehle ich (Juvenal)
si dịis plạcet	wenn es den Göttern gefällt
sigịllum	Siegel
signạtio	schriftliche Erklärung
signatụra	Bezeichnung, Merkmal
signatụra grạtiae	päpstliche Behörde für Gnadengesuche
signatụra iustịtiae	päpstliche Behörde für Appellationen und Nichtigkeitsbeschwerden
Sịlent lẹges ịnter ạrma	→ Inter arma …
simulạtio	Vorspiegelung, Schein; simuliertes Geschäft, Scheingeschäft
simultạneum	von zwei Personen oder Einrichtungen zugleich Besessenes

sịne ịra et stụdio	ohne Zorn und Eifer (unparteiisch – Tacitus)
sịne tẹmpore (s. t.)	ohne Zeit(zugabe), pünktlich
Sint ut sunt aut non sint	Sie seien, wie sie sind, oder sie seien nicht (angeblich Ausspruch von Papst Klemens XIII. über die Jesuiten; nach anderer Lesart die Antwort des Jesuitengenerals Ricci an die Minister Ludwigs XV., die eine Ordensreform forderten)
Si tacuịsses, philọsophus mansịsses	Hättest du geschwiegen, wärest du ein Philosoph geblieben (hättest du dir keine Blöße gegeben – Boëthius)
sit vẹnia vẹrbo	mit Verlaub
Si vis pạcem, pạra bẹllum	Wenn du den Frieden willst, bereite den Krieg vor (römischer Grundsatz im Sinne von: Wenn du den Frieden haben willst, sei gewappnet – Vegetius)
socịetas	Gesellschaft
socịetas delinquẹndi	Komplott
Socịetas Jẹsu	Gesellschaft Jesu, der Jesuitenorden
socịetas leonịna	leoninische Gesellschaft (nach einer Fabel Äsops über einen Vertrag zwischen dem Löwen und dem Esel, d. h., ein Partner hat nur Rechte, der andere nur die Pflichten und Kosten, also kein Gesellschaftsvertrag, möglicherweise aber eine Schenkung)
socịetas negotiatiọnis	Gesellschaft zum Betrieb eines Erwerbsgeschäfts

socịetas occidẹndi	Mordkomplott
socịetas ọmnium bonọrum	allgemeine Gütergemeinschaft
socịetas quaestus	allgemeine Erwerbsgemeinschaft
socịetas unịus negọtii	Gelegenheitsgesellschaft
sọcius	Gesellschafter; Gehilfe beim Verbrechen
sodạlitas	Bruderschaft, kameradschaftliche Verbindung (positiv); geheime Verbindung zur Verschwörung, Stimmenkauf (negativ)
sodomịa ratiọne gẹneris	Sodomie, Unzucht zwischen Mensch und Tier
sodomịa ratiọne sẹxus	Homosexualität
solạrium	Grundzins (von solum = Grund, Boden)
sollicitạtio	Verführung zum Ehebruch
sollicitạtio ad tụrpia	Verleitung zur Unzucht in der Beichte
Sọlo cẹdit, quod sọlo inaedificạtur	Dem Boden weicht, was im Boden verbaut ist (das Eigentum am Grundstück erstreckt sich auf die Bauwerke) D. 43.18.2
sọlum et quod sọlo cohaeret	der Boden und was mit dem Boden zusammenhängt (ist unbeweglich und gehört dem Grundstückseigentümer)
solụtio	Lösung; Erfüllung

solutiọnis causa adiẹctus → adiectus solutionis ...

solụtum Gezahltes

solvẹndi causa → causa solvendi

spạdo Zeugungsunfähiger

spạtium deliberạndi Deliberationsfrist (Überlegungs- oder Ausschlagungsfrist für den Erben)

S. P. D. → salutem plurimam dicit

spẹcies Einzelsache (im Gegensatz zur Gattungssache)

Spẹcies ẹi pẹrit, cụi debẹtur, gẹnus perịre non pọtest Die Speziessache geht dem unter, dem sie geschuldet wird; eine Gattungssache kann nicht untergehen (gemeines Recht)

spẹcies fạcti Tatbericht

specificạtio Anfertigung einer neuen Sache durch Verarbeitung einer anderen (es entsteht originäres Eigentum an der neuen Sache); nähere Bezeichnung einer zu liefernden Sache

spectạbilis Ansehnlich (Anrede für den Fakultätsdekan)

spẹculum Saxọnicum Sachsenspiegel (um 1225 aufgezeichnet)

spịritus rẹctor lenkender Geist, geistiger Urheber

spọnsa Braut

sponsạlia Verlobung; Verlobungsgeschenke

sponsạlia de futụro	das gegenseitige Versprechen, in Zukunft die Ehe zu schließen, die Verlobung (Kirchenrecht)
sponsạlia de praesẹnti	Eheschließung; Trauung
sponsalịtia lạrgitas	Brautgeschenke
spọnsio	Gelöbnis; Bürgschaft; Wette
spọnsio poenạlis	wechselseitiges Wettversprechen für den Fall des Unterliegens
spọnsor	Bürge
spọnsus	Bräutigam
S. P. Q. R.	→ Senatus Populusque Romanus
spụrius	Knecht; uneheliches Kind
s. t.	→ sine tempore
stạnte pẹde	stehenden Fußes, ungesäumt
statiọnes fịsci	die einzelnen Verwaltungszweige
stạtus	Stand; Zustand
stạtus ạnte	der vorherige Zustand/Stand
stạtus causae et controvẹrsiae	prozessualer Sach- und Streitstand
stạtus civitạtis	Bürgerrecht → ius civitatis
stạtus famịliae	Zugehörigkeit zu einer (römischen) Familie

stạtus libertạtis	Stand der Freiheit, Zugehörigkeit zu den Freien
stạtus nascẹndi	Zustand des Geborenwerdens, Entstehungszustand
stạtus quo	gegenwärtiger Zustand
stạtus quo ạnte	→ status ante
statụta personạlia, st. rẹalia, st. mịxta	→ lex personalis → lex rei sitae → lex domicilii
Statụta strịcte sunt intelligẹnda cọntra ius commụne	Die Statuten, die geschriebenen partikulären Quellen, müssen gegenüber dem gemeinen Recht genau beurteilt werden; es muß möglichst nach Übereinstimmung gesucht werden (Kommentatoren)
statụtum	Satzung, Gesetz
statụtum in favọrem prịncipum	Gesetz zugunsten der (weltlichen) Fürsten von 1231/1232
stellionạtus	betrügerisches Handeln, Betrug
stẹmma	Familienstammbaum
stịlus cụriae	die bestätigten Kanzleiregeln als besondere Art päpstlicher Erlasse
stịmulans	anregend
stịmulus	Antrieb, Anreiz
stipẹndium	Steuer, Abgabe; Sold, Löhnung
stipulạtio	einseitige Verpflichtung, Versprechen
stirps	Stamm, Geschlecht (zunächst Stamm des

	Baumes, dann zum menschlichen Geschlecht)
stradạticum	Straßenzoll
strẹnuus	Gestreng (Anrede für den niederen Adel sowie die Doktoren der Rechte – Eure Gestrengen)
strịcto iụre	nach strengem Recht
strịcto sẹnsu	im strengen Sinne
stụprum	Geschlechtsverkehr mit einer unbescholtenen Frau
sub auspịciis	unter dem Schutz, unter der Regierung
sub condiciọne	unter der Bedingung
sụbditus	Untergebener
sụbditus perpẹtuus	Staatsangehöriger
sụbditus temporạrius	im Staatsgebiet lebender Ausländer
Sub hac conditiọne „si vọlam“ nụlla fit obligạtio	Unter der Bedingung „wenn es mir paßt“ kommt kein Schuldverhältnis zustande (gemeines Recht)
sub hạsta	unter der Lanze (die Lanze war bei den Römern Zeichen der Staatsgewalt)
subhastạtio	Verkauf „unter der Lanze“ (öffentliche Versteigerung; Zwangsversteigerung von Grundstücken)→ ad hastam
subiẹctio	Unterordnung; Unterwerfung
subinfeudạtio	Afterlehn

sub iụdice	unter dem Richter (unentschieden)
sublocạtio	Untervermietung
submẹrsio	Ertränken (mittelalterliche Strafe)
submịssio	Submission, öffentliche Ausschreibung (von Arbeiten)
subordinạtio	Subordination, Unterordnung; Gehorsam
sub poena	unter Strafandrohung
sub rọsa, sub sigịllo	unter der Rose, unter dem Siegel (der Verschwiegenheit, als deren Sinnbild die Rose gilt)
subscrịptio	verpflichtende Unterschrift
subsẹllium	Richterbank
subsidiạrius	subsidiär, hilfsweise
subsignạtio	Unterzeichnung
substitụtio	Stellvertretung; Einsetzung eines Prozeßbevollmächtigten; Einsetzung eines Ersatzerben
substitụtio dụplex tạcita	stillschweigende Vertretung in beiden Fällen (der Nacherbe ist auch Ersatzerbe)
substitụtio reciprọca	gegenseitige Ersatzerbschaft der Erben
substitụtus	Stellvertreter; Ersatzerbe; Anwaltvertreter
Substitụtus substitụto cẹnsetur ẹsse substitụtus institụto	Dem Ersatzerben kann wieder ein Ersatzerbe substituiert werden (gemeines Recht)

subsụmptio	Unterordnung des Einzelfalles unter den gesetzlichen Tatbestand
subvẹntio	Subvention, Unterstützung, Beihilfe
subvẹrsio	Subversion, Umsturz
succẹssio	Rechtsnachfolge; Erbfolge; Thronfolge
succẹssio ad lẹgem Sạlicam	Thronfolge nach salfränkischem Recht (die Frauen sind ausgeschlossen)
succẹssio anticipạta	Altenteilsvertrag
succẹssio ecclẹsiae	Erbfolge zugunsten der Kirche (der gesetzlichen Erbfolge des Staates geht die der Kirche vor, wenn der Verstorbene ein Geistlicher war)
succẹssio ex pạcto et providẹntia maiọrum	Erbfolge in Familiengütern (durch Beschluß und Vorsorge der Älteren)
succẹssio in usucapiọnem	Universalnachfolge in der Ersitzung
succẹssio ọrdinum et grạduum	Erbfolge nach Ordnungen und Graden
succẹssio promịscua	Thronfolgeordnung des englischen Herrscherhauses, nach der zunächst sämtliche männlichen Abkömmlinge des letzten Herrschers, dann seine weiblichen Abkömmlinge thronberechtigt sind
succẹssio singulạris	Vermächtnis
suffrạgium	Beifall; Abstimmung; Stimmrecht

suffrạgium impẹrii	Reichsgutachten, das durch Zustimmung der drei Reichstagskollegien zu einem kaiserlichen Gesetzesvorschlag zustande kam
suggẹstor	Anstifter
sụi gẹneris	von eigener Art, aus dem Typus fallend
sụi iụris	seines Rechts (sein eigener Herr)
sụmma	Hauptsache, Resultat, Summe
sụmma appellạbilis	Berufungssumme (Mindestsumme bei vermögensrechtlichen Ansprüchen)
sụmma cum laude	mit höchstem Lob (Prädikat beim Promotionsverfahren)
sụmma cụriae rẹgis	Sammlung amtlicher Formulare der Reichskanzlei
sụmmae	in Kommentaren den Dekretalen vorangestellte Inhaltsangaben
sụmma gravạminis	tatsächliche Schadenssumme des Appellanten
sụmma revisịbilis	Mindestsumme für Revisionen
summạrium	kurzgefaßter Inhalt einer Schrift
sụmma summạrum	Summe aller Summen, alles in allem
sụmmum iụs, sụmma iniụria	höchstes Recht, größtes Unrecht (allzu strenge Durchsetzung des Rechts kann zur größten Ungerechtigkeit führen – Cicero)
sụmmus cancellạrius	Erzkanzler

sụmmus epịscopus	oberster Bischof (seit der Reformation Bezeichnung der evangelischen Landesherren als Oberhäupter der Landeskirche)
sụm(p)tibus publịcius	auf Staatskosten
sụm(p)tus	Aufwand, Kosten
sụm(p)tus oeconọmici	Ausgaben für Verwaltung, Verwertung und Verteilung der Masse als Teil der Massekosten im Konkursverfahren
sụm(p)tus procẹssus	gerichtliche Kosten als Teil der Massekosten im Konkursverfahren
sụo tẹmpore	zur rechten Zeit
superarbịtrium	Schiedsspruch höherer Instanz
superfịcies	Bạuwerk, Gebäude; Erbbaurecht
Superfịcies sọlo cẹdit	→ Solo cedit, quod solo inaedificatur
Superflụa non nọcent	Überflüssiges schadet nicht – C. 6.23.17
superstịtes	Zeugen einer Verhandlung
supplicạtio	Gesuch, Bittschrift; Rechtsmittel beim Reichskammergericht
supplịcium	Todesstrafe, Hinrichtung, Marter
suppositio	Unterschiebung, Unterlegung; Verpfändung
suppositio pạrtus	Kindesunterschiebung
supprẹssio	Vorenthaltung; Unterschlagung; Aufhebung eines Kirchenamtes

suprẹma potẹstas	höchste Gewalt im Staat wie in der Kirche
suprẹmitas territoriạlis	Landeshoheit
surrogạtio	Wertersatz; Ersatzanspruch
suscẹptor	Hehler (im Sinne von: Diebe oder Spieler im Haus Aufnehmender); später auch Kassierer
suspẹctio	Verdacht, Argwohn
suspẹcti remọtio	Absetzung des verdächtigen (Vormundes)
suspẹndium	Erhängen
suspẹnsio	Amtsenthebung; Aufhebung; Unterbrechung; Hemmung
sustentạtio	Unterstützung, Unterhalt
Sụum cuịque	Jedem das Seine (Cicero) → Iustitia suum …
syllabus	Verzeichnis (berühmt der S. von 1864, in dem der Papst die Fortschritte der modernen Entwicklung in 80 Sätzen verdammte)
syndicạtus	Prüfung der Amtsführung
syndicus	juristischer Berater und Bevollmächtigter von juristischen Personen
synodus	Kirchliche Versammlung
systẹma civitạtum foederatạrum	Staatenbund mit unterschiedlicher Souveränität der Glieder (Schweiz vor 1848)

T

tabẹllio	öffentlicher Schreiber (von Urkunden)
tạbulae	Schriftstück, Urkunde
tabulạrium	Archiv; Urkundenarchiv
tabulạrius	in der Kirche Freigelassener; Archivar
tạcitus consẹnsus	(aus dem Verhalten gefolgerte) stillschweigende Zustimmung
tạlio	Vergeltung mit Gleichem („Auge um Auge“) → ius talionis → poena talionis
tạliter quạliter	so gut es eben geht
Tạntundem eiụsdem gẹneris est ịdem	Ebensoviel derselben Art macht dasselbe aus (bei Gattungsschuld)
taxạtio	Taxation, Schätzung, Wertbestimmung einer Sache
telọneum	Zoll
temerạtio	Verletzung, Beschädigung
temperạtio	zweckmäßige Regelung
temporạlia	Gesamtbesitz einer Kirche an Gütern und Rechten
Tẹmpora mutạntur, et nos mutạmur in ịllis	Die Zeiten ändern sich und wir uns mit ihnen (angeblich Lothar I.)
tempọrum ratiọne hạbita	unter Berücksichtigung der Zeiten (können einzelne besonders unverträgliche Normen

	des kanonischen Rechts außer Anwendung gesetzt werden)
tęmpus	Zeit, Zeitraum; Ersitzungszeit
tęmpus continuum	die laufende Zeit der Fristberechnung
tęmpus discontịnuum	nichtzusammenhängender Zeitraum
Tęmpus ręgit ạctum	Die Zeit beherrscht den Rechtsakt
tęmpus ụtile	taugliche Zeit
Tęmpus ụtile ratiọne inịtii, contịnuum ratiọne cụrsus	Die Frist beginnt erst mit der Erfüllung bestimmter Voraussetzungen, läuft dann aber ununterbrochen fort (gemeines Recht)
tęnor	ununterbrochener Fortgang, Faden, Inhalt; erkennender Teil des Urteils
tentạmen	Vorprüfung
tergiversạtio	widerrechtliches Hinhalten des Gegners im Prozeß
tęrminus	Grenze, Grenzstein; Ende
tęrminus a quo	→ dies a quo
tęrminus ad quem	→ dies ad quem
tęrminus mọtus	Grenzfälschung (strafbare Grenzveränderung, Verrücken des Grenzsteines)
tęrminus tęchnicus	Kunstausdruck
tęrra	Hufe, Land
terrịtio	Schreckung, Einschüchterung; Androhung

	der Folter, verbal oder real, zur Geständniserzwingung
territọrium	Grundstrück, Gebiet, Bezirk, Gerichtsprengel, Staatsgebiet
territọrium clausum	geschlossenes Staatsgebiet (frei von Enklaven und ohne Exklaven)
tẹrtia pars collaboratiọnis	Anspruch der Ehefrau auf ein Drittel des in der Ehe gemeinsam Erworbenen
tẹrtio quọque dịe	einen Tag um den anderen, alle zwei Tage (konnte nach römischem Recht der Nachbar die von den überhängenden Zweigen gefallenen Früchte für sich behalten)
tẹrtium comparatiọnis	der Dritte des Vergleichs (in der Logik das, worin drei verglichene Gegenstände übereinstimmen)
Tẹrtium non dạtur	Ein Drittes gibt es nicht (Logik: Satz vom ausgeschlossenen Dritten)
Tẹrtius gaudet (duọbus litigạntibus)	Der Dritte freut sich (wenn zwei sich streiten)
testamẹnti fạctio ạctiva	Fähigkeit, ein gültiges Testament zu errichten
testamẹnti fạctio pạssiva	Fähigkeit, in einem Testament als Erbe eingesetzt werden zu können
testamẹntum	Bezeugtes; der Letzte Wille, die letztwillige Verfügung
testamẹntum allogrạphum	von anderen geschriebenes und vom Testator in Gegenwart von Zeugen unterschriebenes Testament

testamẹntum ạpud ạcta cọnditum, t. ad ạcta fạctum	öffentliches Testament, errichtet durch Erklärung zu Protokoll einer Behörde; gemeinrechtlich vor Richter und Gerichtsschreiber
testamẹntum correspectịvum	gegenseitiges Testament (die Erbanordnung des einen Erblassers hing von der des anderen ab)
testamẹntum destitụtum sive desẹrtum	nachträglich ungültig gewordenes Testament, weil keiner der gültig eingesetzten Erben die Erbschaft antritt
testamẹntum holográphum	eigenhändig geschriebenes Testament
testamẹntum ịrritum	nachträglich ungültig gewordenes Testament, weil der Testator die Testierbefugnis verloren hat
testamẹntum mịlitum	Militärtestament, Soldatentestament
testamẹntum mysticum	Testament mit Hinweis auf eine andere Urkunde, in welcher der Erbe bezeichnet ist
testamẹntum nuncupatịvum	mündlich dem Zeugen vorgetragenes Privattestament
testamẹntum parẹntum ịnter lịberos	eigenhändige, datierte Niederschrift des Testators über die als Erben eingesetzten Abkömmlinge und ihre Erbteile
testamẹntum pẹstis tẹmpore cọnditum	Testament bei Verkehrssperre (wegen Ausbruchs einer Krankheit oder sonstiger außergewöhnlicher Umstände), errichtet vor dem Gemeindevorsteher und zwei oder drei Zeugen
testamẹntum prịncipi (iụdici) oblạtum	öffentliches Testament, errichtet durch Übergabe der Urkunde an den Kaiser (gemeinrechtlich durch Übergabe an den Richter)

testamẹntum recịprocum sịve mụtuum wechselseitiges Testament (die Testatoren setzen sich gegenseitig zu Erben ein)

testamẹntum rụptum nachträglich ungültig gewordenes Testament durch eine ausdrückliche Willenserklärung des Testators oder weil ein Noterbe nicht berücksichtigt wurde

testamẹntum rụri cọnditum dorfgerichtliches Testament, errichtet bei naher Todesgefahr vor dem Gemeindevorsteher und zwei Zeugen

testamẹntum simultạneum gemeinschaftliches Testament (mehrere Testatoren testieren in einer Urkunde)

testạtio außergerichtliche Mahnung des Schuldners

tẹstes clạssici → classicus testis

tẹstes incạpaces absolut unfähige Zeugen (Meineid)

tẹstes inhạbiles relativ unfähige Zeugen (Verwandtschaft)

tẹstes per aures trạcti in Bayern die „bei den Ohren hinzugezogenen“ (Urkunds-)Zeugen

tẹstes suspẹcti (wegen Eigeninteressen) verdächtige Zeugen

tẹstes synodạles Rügegeschworene für das bischöfliche Sendgericht in fränkischer Zeit

testimoniạtio Ausstellung von Urkunden aufgrund des mündlichen Berichts des Pfalzgrafen über die Verhandlung

testimọnium Zeugnis

testimọnium paupertạtis Armutszeugnis (zur Klage auf Armenrecht)

tẹstis — Zeuge

thẹma probạndum — Beweissatz, Beweisthema; die Frage im Prozeß, was zu beweisen ist

thesaurus — Schatz

thụnginus — Richter im fränkischen Hundertschaftsgericht

tiạra, trịregnum — ursprünglich die steife Kopfbedeckung der persischen Könige, später dreifache Krone des Papstes

tịtulus — Titel; ein gesetzlicher Grund für einen Rechtserwerb (Rechtstitel); nach Kirchenrecht ursprünglich Amt in einer bestimmten Kirche, später Einkommen des zu Ordinierenden

Tonsụra fạcit clẹricum — Die Tonsur macht den Geistlichen (die Tonsur – das Scheren des Kopfhaares und Stehenlassen eines Haarkranzes in Vorbereitung der Ordination – gewährt die Klerikerprivilegien)

tormẹntum, tortụra — Folter (im Gerichtsverfahren)

Tọtiens praescrịbitur actiọni nọndum nạtae quọtiens natịvitas ẹius est in potestạte creditọris — So oft beginnt die Verjährung eines noch nicht entstandenen Anspruchs zu laufen, als seine Entstehung vom Belieben des Gläubigers abhängt (ist der Anspruch auf eine Tätigkeit gerichtet, die der Gläubiger jeweils abruft, beginnt die Verjährung mit der Tätigkeit – gemeines Recht)

tractạtor — Anstifter; in der → commenda derjenige Gesellschafter, der mit Waren zum Handel auszieht, die ihm der andere (→ commendator) anvertraut hat

tractạtus	dem Vertrag vorangehende Verhandlungen
tradịtio	Besitzübergabe; Übereignung; Einräumung von dinglichen Rechten
tradịtio cạrtae	Übergabe der Vertragsurkunde als symbolische Vollziehung der Besitzeinweisung
tradịtio post ọbitum	Vergabung von Todes wegen
transạctio	Transaktion, Verhandlung, Übereinkunft, Vergleich
trạnseat	es gehe vorüber, es werde vergessen
translạtio	Übertragung von Rechten auf einen anderen
translạtio impẹrii	mittelalterliche Theorie, nach der das Imperium Romanum von den Römern auf die Griechen übergegangen war, von dort auf die Franken und später auf die Deutschen
translạtio legạti	Ersetzung eines Vermächtnisses durch ein anderes
transmịssio	Vererbung oder vererbungsähnliche Übertragung der Berufung zum Erben
transmịssio ex cạpite infạntiae	Übertragung der Erbschaft auf den Vater des als Erben eingesetzten, aber inzwischen verstorbenen Kindes
transmịssio ex iụre pạtrio	Erwerb der Erbschaft durch den Vater, dessen als Erbe eingesetztes Kind die Erbschaft ausgeschlagen hat
transmịssio hereditạtis	Übertragung der Erbschaft auf Erbeserben
transscrịptio	Umschreibung

Tres fạciunt collẹgium	Drei (Personen) bilden ein Kollegium (später wurden sieben Personen zur Gründung eines Vereins vorgeschrieben) D. 50.16.85
treuga dẹi	Gottesfrieden
trịas polịtica	politische Dreiheit (nach Aristoteles): Gesetzgebung, Rechtsprechung, Amtsgewalt
tribunạl	Gerichtsstätte, Gerichtshof
tribụtum	Steuer, Abgabe
trịplicatio	Triplik, Antwort des Klägers auf die Duplik des Beklagten
Tụa res ạgitur (pạries cum prọximus ạrdet)	Es handelt sich um deine Sache (wenn die Nachbarwand brennt) (Horaz)
Tu, fẹlix Austria, nụbe!	→ Bella gerant alii …
tụrba	Aufruhr, Tumult
turbạtio sạnguinis	Verwirrung des Blutes (die Ehelichkeit des vorzeitig geborenen Kindes einer sehr bald wiederverheirateten Frau kann angezweifelt werden)
turpitụdo	Schändlichkeit, Bescholtenheit
tutẹla	Fürsorge, Vormundschaft
tutẹla datịva	durch eine Behörde bestellte Vormundschaft
tutẹla legịtima	durch das Gesetz bestellte Vormundschaft
tutẹla testamentạria	durch Testament bestellte Vormundschaft
tụtor	Vormund

U

Ụbi accẹptum est sẹmel iudịcium, ịbi et fịnem accịpere dẹbet	Wo der Prozeß einmal begonnen wurde, dort muß er auch zu Ende geführt werden – D. 5.1.30
Ụbi bẹne ịbi pạtria	Wo's mir gut geht, da ist mein Vaterland (Cicero zitiert diese Sentenz nach griechischem Vorbild)
Ụbi cẹssat statụtum, hạbet lọcum iụs civịle	Wo das Statut (das italienische Statutarrecht) untätig ist, greift das (römische) Zivilrecht (ergänzend) ein.
Ụbi ẹadem lẹgis rạtio, ịbi ẹadem lẹgis disposịtio	Wo der Grund (der Gedanke) des Gesetzes gleich ist, ist auch die Anordnung des Gesetzes gleich (Analogieschluß – gemeines Recht)
Ụbi rem mẹam invẹnio, ịbi vịndico	Wo ich meine Sache finde, fordere ich ihre Herausgabe
ụltima rạtio	letztes Mittel
ụltima rạtio rẹgum	letztes Mittel (Argument) der Könige (nämlich: Kanonen – die Worte wurden in Frankreich und Preußen auf den Geschützen angebracht)
ultimạtum	das letzte Wort (Völkerrecht)
ụltio	Rache, Vergeltung; Strafe als Vergeltung
ụltra ạlterum tạntum	(Verbot einer) Verzinsung über den Kapitalbetrag hinaus
Ụltra pọsse nẹmo obligạtur	→ Nemo ultra …

ụnicum etwas, das nur allein vorkommt, davon Unikat, Urschrift, einzige Ausfertigung

unilaterạlis einseitig

ụnio Union

ụnio prọlium Einkindschaft (Vertrag des neuen Ehegatten mit den Kindern der ersten Ehe über ihre vermögensrechtliche Gleichstellung mit den zu erwartenden Kindern)

ụnitas Einheit, Vereinigung

ụnitas ạctus Einheit der Handlung (z. B. bei Testamentserrichtung)

univẹrsitas Zusammenfassung einer Mehrheit von Mitgliedern zu einer Einheit mit Rechtspersönlichkeit

univẹrsitas fạcti Vereinigung von körperlichen Sachen (z. B. eine Bibliothek), Sachgesamtheit, Sachinbegriff

univẹrsitas iụris Gesamtheit von Rechtsobjekten; Vereinigung von körperlichen und unkörperlichen Sachen (z. B. Nachlaß); Rechtsgesamtheit, Gesamtvermögen

univẹrsitas personạrum Personengesamtheit

ụno ạctu in einem Akt, ohne Unterbrechung

ụno tenọre in einem fort

U. R. → uti rogas

urbạrium Verzeichnis der Zinseinkünfte

ụrbi et ọrbi	der Stadt (Rom) und dem Erdkreis (soviel wie aller Welt etwas verkünden; päpstliche Verkündung)
usucạpio	Aneignung, Ersitzung
usucạpio libertạtis	Ersitzung der Freiheit (Vorliegen eines Zustandes, der die Ausübung einer Grunddienstbarkeit am dienenden Grundstück hindert und sie daher nach Fristablauf aufhebt)
usucạpio pro herẹde	Aneignung einer herrenlosen Erbschaft
usucạpio pro legạto	Ersitzung durch Vermächtnis
usụrae	Zinsen
usurạria prạvitas	Zinswucher
usurpạtio	widerrechtliche Besitzergreifung; Anmaßung; fortgesetzter Gebrauch
ụsus	Gebrauch, fortgesetzte Ausübung eines Rechts; Gebrauchsrecht
Ụsus est tyrạnnus	Die lange Gewohnheit ist ein Tyrann (Macht der Gewohnheit)
ụsus fọri	Gerichtsbrauch
ususfrụctus	Nießbrauch
ususfrụctus maritạlis	Nießbrauch des Ehemannes am Vermögen der Ehefrau (Verwaltungsgemeinschaft)
ụsus modẹrnus pandectạrum	die moderne Anwendung der Pandekten (wissenschaftliche Richtung im deutschen Recht des 17. Jh.) → pandectae

Ut desịnt virẹs, tạmen est laudạnda volụntas	Wenn auch die Kräfte fehlen, so ist doch der Wille zu loben (Ovid)
uterịni	Schoßgeschwister, Halbgeschwister mit gemeinsamer Mutter
ụti frụi licẹre	(Die Pacht) erlaubt den Gebrauch und die Fruchtziehung
ụtile dụlci	das Nützliche zu dem Angenehmen (das Nützliche mit dem Angenehmen verbinden)
Ụti legạssit sụae rẹi, ịta iụs ẹsto, Ụti lịngua nuncupạssit sụper pecụnia tutelạve sụae rẹi, ịta iụs ẹsto	So wie einer über sein Vermögen und über seine Familie verfügt hat, soll es rechtens sein (Grundsatz der Testierfreiheit)
Ụtile non dẹbet per inụtile vitiạri	Der fehlerhafte Teil eines Rechtsgeschäfts darf den gültigen nicht entkräften – D. 45.1.1,5
utịlitas	Tauglichkeit, Nützlichkeit, Brauchbarkeit; Nutzen, Interesse, Vorteil
ụti possidẹtis	wie ihr besitzt → interdictum uti possideti
ụti rọgas (U. R.)	wie du vorschlägst (Zustimmungszeichen bei Gesetzesvorlagen)
ụxor	Ehefrau
Ụxor sẹquitur domicịlium vịri	Die Ehefrau folgt an den Wohnsitz des Mannes (gemeinrechtliche Kurzform eines römischen Grundsatzes)
Ụxor sẹquitur stạtum mạriti	Die Ehefrau folgt dem Stand, der Staatsangehörigkeit des Ehemannes

V

vacạntia	Vakanz, erledigte, unbesetzte Stelle
vacạtio	Befreiung (von einer Verpflichtung)
vacạtio lęgis	Freisein vom Gesetz
vademęcum	wandere (komm) mit mir; Taschenbuch
vadimọnium	gerichtliches oder außergerichtliches Versprechen, sich an einem bestimmten Tage bei Gericht einzufinden
vagabụndus	Landstreicher
vạle	lebe wohl
vạria	Vermischtes, Allerlei
variạtio	Willensänderung
varịetas	Verschiedenheit (der Rechtsansichten)
vasạllus, vạssus	Lehnsmann, Vasall
V. E. D.	→ vigens ecclesiae disciplina
vendịtio (ęmptio)	Verkauf (Kauf)
vendịtio trans Tịberim	Verkauf (des Schuldners) über den Tiber (ins Ausland)
venefịcium	Giftmord, Vergiftung
vęnia aetạtis	Jahrgebung, Volljährigkeitserklärung
vęnia legęndi, v. docęndi	Erlaubnis, Vorlesungen zu halten

Venịre cọntra fạctum prọprium (nụlli concẹditur)	Angehen gegen eigenes Handeln (wird niemandem zugestanden – Glossatoren)
Vẹrba contrạctus sunt lex contrạctus	Die Worte eines Vertrages sind das Gesetz eines Vertrages
vẹrba contumeliọsa	Beleidigung durch Worte
verbạtim	wörtlich
vẹrbi causa	zum Beispiel
vẹrbum rẹgis	Schutzrecht des Königs für einzelne Personen
vẹritas	Wahrheit
Vẹritas sịmplex orạtio	Einfach ist die Sprache der Wahrheit (Seneca)
Vestịgia tẹrrent	Die Spuren schrecken (Fabel vom Fuchs und dem Löwen, in dessen Höhle alle Spuren hinein, aber keine herausführen)
vestịgii minạtio	Spurfolge, Recht des Bestohlenen, beim Verdächtigen binnen drei Tagen eine Haussuchung vornehmen zu dürfen
vestitụra	Gewere, das Verhältnis von Person zur Sache in den deutschrechtlichen Quellen (tatsächliches Innehaben einer Sache)
vẹtitum Ecclẹsiae	vorläufiges Verbot der Kirche (gegen eine vorgesehene Trauung)
vẹto	ich lehne ab; Einspruch, Verbot, Verhinderung eines Gesetzes durch Verweigerung der Einwilligung

vịa	auf dem Wege
vịa contrạctus	auf vertraglichem Wege
vịa lẹgis	auf gesetzlichem Wege
vicạrius	Stellvertreter
vịce vẹrsa	umgekehrt
vi, clam, precạrio	durch Gewalt, heimlich, durch Leihe (in Besitz Gebrachtes wird nicht geschützt)
vịcus	Handelsquartier, Stadtviertel
vịde	man sehe, siehe
Vịdeant cọnsules, ne quid res pụblica detrimẹnti cạpiat	Die Konsuln mögen sehen, daß der Staat keinen Schaden leide (Formel für Senatsbeschlüsse unter diktatorischen Vollmachten)
vidẹtur	es scheint
vịdi	ich habe gesehen; vidieren, beglaubigen
vidimạtio	Beglaubigung
vidualịtium	Wittum, Witwenversorgung
vịgens payclẹsiae disciplịna	gegenwärtig zur praktischen Anwendung gelangendes Kirchenrecht (stimmt mit dem → ius ecclesiasticum nicht durchgängig überein)
vi mụneris, vi offịcii	kraft Amtes, kraft Amtspflicht
Vim vi repẹllere naturạliter lịcet	Gewalt durch Gewalt abzuwehren ist selbstverständlich gestattet – D. 43.16.1

vindicạtio	Herausgabeanspruch
vindịcta	Strafe
violạtio	Schändung
vịribus unịtis	mit vereinten Kräften
vis	Gewalt, Gewalttätigkeit; Kraft
vis absolụta	unmittelbarer Zwang, physischer Zwang, körperliche Überwältigung
vis armạta	bewaffnete Macht
vis attractịva	Attraktivkraft (des Konkursgerichts – es bestimmte durch Urteil die Rangfolge der Konkursgläubiger)
vis compulsịva	psychischer Zwang (Herbeiführung einer Willenserklärung durch widerrechtliche Drohung)
vis haud ingrạta	nicht unangenehme Gewalt (Problem bei Notzucht)
visitạtio	Visitation, Untersuchung, Durchsuchung
vis lẹgis	Gesetzeskraft
vis mạior	höhere Gewalt
vis probạndi	Beweiskraft
vịsum	gesehen, Sichtvermerk auf Pässen
Vịta brẹvis, ars lọnga	Das Leben ist kurz, die Kunst lang (Hippokrates)

Vịtam impẹndere vẹro	Das Leben dem Wahren weihen (Juvenal)
vịtia rẹrum	Sachmängel
vịtium	Fehler, Mangel; Verbrechen
Vịvant sequẹntes	Die Nachfolgenden sollen hochleben
vivẹntis nụlla herẹditas	keine Erbschaft von (noch) Lebenden
Volẹnti non fit iniụria	Dem Wollenden (Einwilligenden) geschieht kein Unrecht – sinngemäß D. 47.10.1,5
volụntas	Wille
volụntas peccạndi	Willensschuld
vọta solẹnnia	Gelübde zur Aufnahme in einen Mönchsorden
vọtum	Versprechen, Gelöbnis; das Gewünschte, Meinungsäußerung
vọtum ad imperatọrem	Gutachten des Reichshofrats an den Kaiser (der Reichshofrat überläßt eine Entscheidung dem Kaiser)
vọtum consultatịvum	beratende Stimme, Gutachten
vọtum decisịvum	entscheidende Stimme
vọtum separạtum	abgesonderte Meinungsäußerung
Vox pọpuli vox Dẹi	Volkes Stimme (ist) Gottes Stimme (Hesiod)
vụlgo	gewöhnlich

vụlgo concępti lịberi	Brautkinder, Kinder von verlobten Eltern
vụlgo quaesitus	Hurenkind
vụlnus	Wunde, blutige Körperverletzung

W

wadiạtio Wette; sinnbildliche Haftungsbegründung für eine Schuld durch Hingabe eines Stabes oder Halmes (mittelalterliches Recht)

werpịtio Auflassung mit Halm und Mund (dem Erwerber wird mit vorgeschriebenen Worten ein Halm überreicht – mittelalterliches Recht)

X

X → Liber Extra